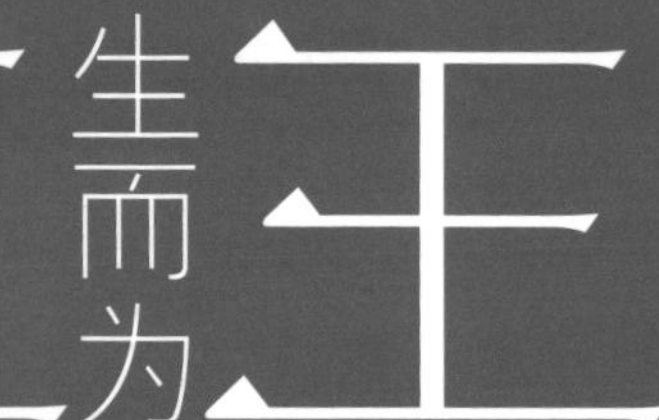

Mark Hengerer

路易十四

太阳王的生活

LUDWIG XIV.
DAS LEBEN DES SONNENKÖNIGS

〔德〕马克·亨格勒尔 / 著
邱瑞晶 / 译

社会科学文献出版社
SOCIAL SCIENCES ACADEMIC PRESS (CHINA)

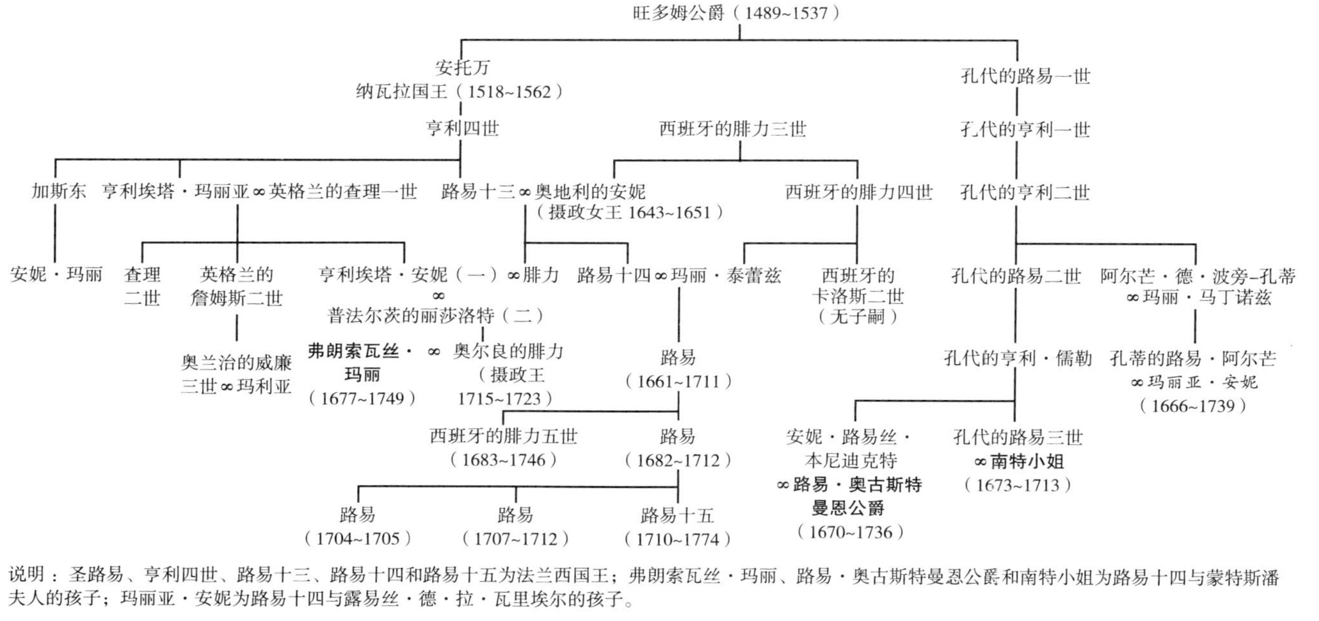

说明：圣路易、亨利四世、路易十三、路易十四和路易十五为法兰西国王；弗朗索瓦丝·玛丽、路易·奥古斯特曼恩公爵和南特小姐为路易十四与蒙特斯潘夫人的孩子；玛丽亚·安妮为路易十四与露易丝·德·拉·瓦里埃尔的孩子。

Contents /

图 1　年轻的国王战胜投石党：马上的国王身着戎装，上方是象征胜利的花环及象征和平的橄榄枝，该油画作者或为让·诺克雷（Jean Nocret），约创作于 1653 年

第一章　国王的童年与法兰西的王权统治（1638~1648年）

1　降生与童年

在17世纪30年代后期的法兰西，人们并不期盼什么耀眼的“太阳王”，只是迫切地希望能有一位王嗣降生。时势艰险，在之前的二十多年里，国王忙于镇压连年的起义，这个国家几乎没过一个太平年。不止如此，自1635年起，法兰西还在多条战线上与世界霸主西班牙及其盟友公开交战。打仗总是要花钱的，哪怕打了胜仗也一样，这就需要大量的税金。虽说法兰西还算富庶，但要筹集这样巨额的资金也并非易事。17世纪中叶，异常寒冷的气候导致粮食歉收，农民的生活与城市的经济状况深受影响。

在这般情形之下，疾病缠身的路易十三（1601~1643年）若不留下子嗣就遽然离世，必定会引起激烈的政治动荡，使艰险的时局雪上加霜，这自然不是人们所乐见的。诚然，按照“萨利克继承法”，路易十三的弟弟奥尔良公爵加斯东（1608~1666年）将在其死后继位。然而，加斯东参与了多起谋逆造反的行动，站在了路易十三及其首相黎塞留的对立面，他的这些行迹表明，他已将自己的勃勃野心置于“天下太平”之上。此外，当时加斯东膝下同样没有能够继承王位的儿子。排在第二顺位的继承人是路易十三的堂兄——第三代孔代亲王亨利二世·德·波旁[①]（1588~1646年）。此人有不止一名男嗣，并且怀着不小的野心。亲王的长子（1621~1686年）便是第三顺位继承人，取名“路易”也绝非偶然：这个名字承袭路易九世（1214~1270年），他是亲王所在的波旁家族

① 亨利二世·德·波旁是路易十三的叔公路易一世·德·波旁（1530~1569年）的孙子。（本书页下注均为译者注，后不再说明。）

支系的始祖，不仅作为君王，也作为圣徒“圣路易”而备受尊崇。

路易十三的立储事宜变得如此紧迫，是有原因的。为拉近法兰西与西班牙王室的关系，路易十三早在1615年就娶了仅比他大几天的西班牙公主——奥地利的安妮[①]（1601~1666年）；然而，夫妻两人却没能培养起更亲密的关系。17世纪20年代早期，安妮虽然数次怀孕，却频频流产。这段夫妻关系本就压抑，两人又要承受外界期待带来的压力。1624年，黎塞留就已经上奏道:“法兰西需要王位继承人。”继承人迟迟没有降生，也是因为路易十三和黎塞留要掉转枪头对付西班牙：立场一旦转变，作为西班牙国王腓力三世（1578~1621年）的女儿，安妮就成了政治上的障碍，她与西班牙亲戚的一切联络都变得可疑起来。从17世纪20年代前期开始，路易十三就与他的妻子过上了形同陌路的生活。

路易十三和奥地利的安妮一辈子都在情感

① 安娜·玛丽亚·莫莉西娅·德·哈布斯堡（Ana Maria Maurícia de Habsburgo），又称奥地利的安妮。

和政治上疏远对方，但他们心中明白，夫妻两人必须合作，朝圣和祷告并不能解决继承人缺失的问题。国王那为数不多的亲信，包括黎塞留，也包括路易十三的柏拉图式恋人露易丝·安吉莉克·莫蒂尔·德·拉斐特，都不知疲倦地劝诫他要履行自己的义务。国王夫妇终于妥协，不再避而不见——1637 年 10 月底在圣日耳曼昂莱、12 月初在巴黎卢浮宫，两人终于又有了床笫之私。1638 年 1 月，医官确认王后怀孕，到了月底，这一消息便见诸报端。

1638 年 9 月 5 日，期盼已久的继承人终于降生，许多人都松了一口气。这名婴儿的诞生牵动着整个国家。在巴黎西边、坐落于塞纳河畔的圣日耳曼昂莱宫殿中，王后在诸多见证人的面前诞下王嗣，关于“假装怀孕”和“调包顶替”的揣测也随之消散。至少在宫廷之中，没有人公开质疑这位嫡子的身份。路易十三是在孩子降生之后才赶来的，而时年 30 岁的奥尔良公爵加斯东就在现场，当助产妇宣布王后诞下的是男婴时，他继位的希望也随之破灭了。

这个孩子人生最初的 6 年，是在母亲及其宫人的庇护下度过的。在包括第三阶级[①]在内的上流社会中，婴儿普遍由乳母而非生母喂养。而由多位乳母接连负责一个孩子，在外交上则颇有警示意味：小小年纪胃口便如此之大，法兰西的邻邦可要注意了。但如此一来，这个孩子也不免吃点苦头：1639年5月20日，他就第一次接受了放血疗法。

自1640年9月断奶之后，这孩子便开始在仆从的服侍下用餐，他早早习惯了统治者的身份，习惯了下达命令、受人侍奉。按照当时的形势，让路易十四在婴儿、幼儿和小童的年岁就“接见”身份高贵的访客，甚至包括首相兼枢机主教黎塞留，是十分重要的。在他出生的第二天，一支由法兰西高级法院组成的代表团就来到了王储面前，其中就包括巴黎的“国会”——它并非现代意义上的国会，其成员也不是选举产生的。晚些时候，布列塔尼各个阶层代表及各国使节也都赶在王储3岁之前，前往圣日耳曼昂莱宫殿觐见：

① 法国大革命前，除教士和贵族之外其他市民组成的阶级被称为第三阶级。

其中包括英国、荷兰、马耳他的使节，教宗、托斯卡纳大公爵和葡萄牙大公爵的使臣，以及其他使者。

为了给其将来统治者的身份铺路，他的宗教教育开始得很早：在1643年的濯足节①，王储参加了效仿“最后的晚餐”的仪式，为贫苦人濯足。这样谦恭虔诚的举止是一名理想的天主教国王所应有的，因为这显示出，一个共同体中的最高阶层只有为团体中最卑微的阶层服务，才真正恰当地履行了义务。路易在出生那天只接受了洗礼，用圣日耳曼昂莱教区教堂洗礼池里的水涂了圣油。1643年4月21日，他才在当地旧宫的礼拜堂里接受了命名礼。教父和教母的人选也表明这个孩子在政治上的处境：教母是夏洛特·玛格丽特·德·蒙莫朗西（1594~1650年），她的丈夫是上文已经提到的、此时位于第四顺位的继承人孔代亲王亨利二世·

① 濯足节在复活节前的星期四，因耶稣在受难前夜为门徒洗脚而得名，濯足礼是濯足节当天的常见仪式。

德·波旁；教父则是枢机主教儒勒·马扎然[①]（1602~1661年），此人原本出身教宗国，在黎塞留1642年去世之后担任首相。相较于远方那些强势的亲戚所带来的竞争，王储更需要此二人的鼎力相助。而且，对于有能力领导国家事务的人，王储也需要与他们结下特殊的情谊。此外，他的洗礼也成了世人茶余饭后乐于谈论的事件，当时就有颇多传闻。据说，病入膏肓的路易十三问四岁的王储叫什么名字，王储答道："路易十四。"可排行数字只算国君，不算王子，所以这一回答暗指提问的父亲必死无疑。在传言中，父亲随后回应说："噢！你还不叫路易十四，我的儿子，但如果神的旨意如此，那一天很快就会到来。"

虽然从1638年起，路易十三便相对长时间地与家人一起待在圣日耳曼昂莱，但这段时间还是没能培养出更亲密的父子关系。而在凡尔赛的狩猎行宫里，他则不愿看见家人以及随之而来的、以女眷为主的宫人侍从：对他而言，

① 又译"儒勒·马萨林"。

图2　1643年即位当年的路易十四经稍许美化的铜制半身像，由路易的母亲委托雅克·萨拉兹创作，现藏于卢浮宫内

太多女人了。另外，他曾在1640年时抱怨，儿子害怕他这个父亲。可相对应的，路易十三又害怕自己的弟弟，为了保护儿子不受这位继承顺位被迫延后的叔叔伤害，他采取了防备措施。他不允许弟弟和儿子独处一室，也不允许弟弟带着众多手下去看望儿子，以免他们劫持王储。

虽说父子之间的关系并不亲密，但对于路

易十四而言，关于路易十三的回忆也是十分珍贵的：无论对内对外，他扩张王权统治所采取的政策都与父亲一致。他自己的凡尔赛宫就是其父凡尔赛狩猎行宫的放大版；我们至今仍能看到，庭院对面的外墙是用砖块和砂岩修建的，这在当时就已经有些老派了。其他一些建筑也能反映出与先王的联系：1638 年 2 月，路易十三的妻子刚刚怀孕不久，与西班牙的战事也侥幸逆转，为了表达感激之情，他宣布将自己、家人和整个国家都献给圣母玛利亚，并宣布要翻新巴黎圣母院主祭坛。国王无比隆重地许下这个诺言，人们交口称赞，这与当时期盼王储降生的情绪混杂在一起，为路易十四的出生赋予了一层宗教意味。路易十三没能在活着的时候兑现自己的诺言；他的儿子替他完成了，还将父母和自己的塑像置于本国中心城市的中心教堂内作为纪念。

1643 年 5 月 14 日，路易十三在圣日耳曼昂莱离世。去世时有两个儿子，次子是 1640 年 9 月 21 日出生的腓力。5 月 10 日，人们让两位王子看望了弥留之际沉睡的父亲，要他们好好记住父亲的样子。国王一死，他不满5岁的长子直接成了法兰西和纳瓦拉国王路易十四——甚至没有接受加冕。

2　王朝与太后摄政

1643年的王权统治存在什么问题，有着怎样的前景，在两份遗嘱中显得格外清楚：其一是之后我们将讨论的路易十三的遗嘱，其二是黎塞留的政治遗嘱。后者虽是写给当时尚在人世的路易十三，但黎塞留作为日理万机的首相，这份备忘录性质的遗嘱并非由他一人撰写。它在黎塞留和路易十三死后仍能发挥效用，是因为黎塞留亲自挑选、引导并提拔了继任其职能的首相——马扎然，此人同时也是路易十四的教父，相当于同时继承了黎塞留和路易十三两人的政治遗产，接受了黎塞留政治遗嘱中进行的分析和提出的嘱托。

虽然，过去的一些统治者力争成为“法国人”的国王，但按照黎塞留的看法，法兰西国王准确来说应该是“法国”的国王。这种区分并不是在吹毛求疵，因为对于那些政治精英们来说，法国是一个拥有秩序规则的政治体系。它对应的新概念是“(政治)国家”。

国王首先对法国负有义务，虽然百姓民生也在他的义务范围之内，但人民（“peuple”）却不是首位的。黎塞留认为，百姓应当顺从王命，劳作纳税。但他同样也认为，目前税负过重。如果税收和国家支出都能减少的话，那么这个本就富裕丰饶的国家是能够繁荣起来的。

黎塞留看出，国家财政是法国的核心问题之一。在前几位国王的任期内，日常税收就已经不足以支持战事了——无论是对内战争，还是对外战争。填补这些资金缺口的是那些富商巨贾——所谓的“吸血蛭”。国王从他们那里得到现金，而他们则收取各种税款，并从中大肆克扣，以此敛财。黎塞留认为，这种“偷盗”行径损害国家利益，致使国家贫穷。不仅如此，那些私人投资家还占据着国家财政机构中的职位，“用国王的钱”突破了社会阶级的界限，成为贵族。他们本人或其家人以联姻的方式飞黄腾达，进入了“王国内最显赫的名门望族”。就此，黎塞留提出了两条建议：一条是力求和平，以降低内外战争造成的消耗，另一条则是改革财政。

在黎塞留眼中，法国的第二个核心问题是其在西班牙的利益。尤其对法国构成威胁的是“哈布斯堡家族的专制”，也就是西班牙和奥地利的哈布斯堡势力，因为在欧洲大陆上，几乎法国所有的邻国都属于他们：除西班牙之外，西班牙统治下的荷兰[①]（大致位于现今的比利时和卢森堡）、勃艮第自由伯爵领地、米兰公爵领地及南意大利也都为他们所有。而对于奥地利的哈布斯堡家族势力来说，在东面不仅有波希米亚国王和匈牙利国王做他们得力的助手，阿尔萨斯和蒂罗尔也是他们自己的领土，就更不用说他们还坐拥神圣罗马帝国皇帝的冠冕。

黎塞留所追求的和平时代，在哈布斯堡王朝遭到一场重创之后到来了。哈布斯堡势力受到的创伤之重，使法国无须再惧怕任何的军事进攻，也不用再担心西班牙势力对法兰西内政的干涉。

法国的第三个核心问题在于贵族。贵族们由于肆无忌惮的暴力行径成为众矢之的：对待

① 又称西属尼德兰，下文同。

仆从和下人的暴力，在无数次对决中贵族与贵族之间的暴力，以及贵族对抗王权的暴力。一大部分的乡野贵族越来越贫穷，这种情况尚且无足轻重。更严重的问题是，低等贵族在政治和经济上依赖高等贵族。他们之间的这种恩庇关系导致了严重的后果，受到小贵族支持的高等贵族能够轻易地组建起军队，将整个地区搅得无法统治，非得国王派兵才行。随后，双方交战，面对更占优势的国王军队，这些“巨头们”（Les Grands）才勉强与国王各退一步达成协议，而赦免叛乱者也被包括在协议内容中。路易十四在位的最初二十年里，这类冲突层出不穷。以“巨头们”彻底失败并接受惩罚而告终的例子很少。其中最著名的例子是亨利二世·德·蒙莫朗西（1595~1632 年）在法国西南部的一场叛乱中支持了国王的弟弟。然而，这类恐吓对于贵族叛乱来说是治标不治本的。低等贵族要摆脱经济上的拮据，最好的办法就是在教会和军队中获得职位；而那些“将个人利益置于公共利益之上”的大贵族们，则必须受到相应的“教训”才行。

有一个问题将国家财政、战争以及贵族联系到了一起，那就是王权政府中的官职可以买卖、能够继承。这涉及军事、宫廷、司法、财政和内政领域的大量职位。买取新设职位能使国王直接受益。于是，设置的职位越来越多，那些已经买取官职的人则大为不满。买下的职位能够转卖他人，或是每年缴纳职位价格的1/60作为税金（1604年引入了著名的波莱官职税，法语中称“Paulette”），以此获得职位的继承权。在黎塞留看来，这一体系除了为国王带来收入，还有另一些好处，即是金钱决定了一个人能否得到官职，而不是“巨头们”的权力。如果司法权也可以买卖的话，那么因滥用职权而丧失官衔的风险将会成为一种不错的保障，可以确保官职所有者的忠诚；此外，富有的官职所有者受到的外界压力也会减少。另一方面，官职的继承则避免了职位分配成为“一门肮脏的生意”，在国内大贵族为其侍从购买官职时，增加了他们操作的难度。有些官职与贵族特权挂钩，尤其是免税的权利，在某些情况下还包括连续几代人能够继续享有贵族身份。

因此，黎塞留表示要逐渐回购，以降低此类官职的数量。

各支系的法院和司法机构的职位也是可以买卖和继承的。尤其是法国那些大司法区的最高法院，也就是所谓的“高等法院”（Parlement），它们并不满足于拥有司法裁判权。它们坚决要求参与政治，而这确实是有可能的，因为那些应当具有法律效力的文本，必须通过“高等法院”的“登记收录”才能正式得到认可，成为标准规章的一部分。有时候，某条法律会因为与法国的基本法制原则相悖而遭到高等法院拒绝，高等法院会附上答复，即所谓“异议书”，将之退回给国王。巴黎的高等法院影响力尤其大。国王于1641年下令禁止它们干涉政治事务，然而关于司法精英们涉政的冲突并没有因此消解——黎塞留表示，只要“危害国王权威”，就“丝毫不能”容忍司法界的造次。

最后一点，特伦托大公会议（1545~1563年）[①]决定在法国进行天主教教会改革，但改革

① 又译“特伦托宗教评议会”，大公会议或宗教评议是教会高等教士参与的大型集会，通常由教宗召开。

还未深入各牧区和修道院辖区内，按照黎塞留的看法，这也是较大的问题之一。法国的天主教教会中，所谓的“高卢派教会”，在极大程度上独立于教宗，却也因此更加依赖于国王。教会中俸禄优厚的职位，国王会优先分配给忠诚的贵族家庭，主教管区、大修道院、小修道院以及主教座堂的职位也最先派给他们，确保他们的收入。因此，教会职位的委任对国王来说也是政治谋划的一部分。尤其重要的是，在各地精英们眼中，他们的自治权远比王权重要，所以此举可以说是用教会薪俸买来了各地区贵族们的忠诚。在黎塞留的影响下，任命主教人选才特别注重其推动教会改革的能力，而不是首先考虑恩庇政策。黎塞留痛心地看到，如詹森主义之类的新兴宗教流派渗透进了修道院的高墙，并被一部分社会精英接受了。

总之，这个强大的王朝有着不少反对者和敌人：哈布斯堡家族成员、商贾巨头、大贵族及受其庇护者、法官以及那些通过买卖或继承获得官职的人，还有秉持“国家至上”政策的宗教批评家。那么，要实现黎塞留的目标，实现国王的“权力”，使国王拥有行使国家政权的统治手段，还需要什么呢？最首要的是一场针对西班牙的胜利，而后是对外防御的要塞和坚固的城池，法国在1636年遭受过的侵略，这些都会在军事上将其化为乌有；法国还需要一支实力可观的海军、一支海岸防卫队，以及一支为地中海而设的橹舰舰队，对内对外各有一支随时待命的军队，以便能够在同一时间展开两场战争；仅允许合法的国家收入并且降低税收；以荷兰、英国和热那亚为榜样，通过更强大的工业、更强大的外贸、更强大的商贸船队实现经济产业的现代化；回购不必要的官职，以强硬手段规范大贵族的行为，以军中拥有官衔的贵族为首要对象，控制其俸禄；积极推进教会改革；使高等法院及其他法院去政治化，并建立国王不定期视察机制，使地方法院拥有司法裁判权的情况成为过去式；改革王廷，使之更具威仪。建立、确保和强化国王的权威和权力，使之为公共利益和国家服务——这就是黎塞留的政治遗嘱。

路易十三也留下了一份遗嘱。他的妻子，奥地利的安妮，在路易十四成年之前，将不可避免地以法国王后的身份参与统治。路易十三担心，她身为西班牙公主，可能会抛弃法国反西班牙的坚定政策。毕竟在法西战争期间，她也与她的兄弟们保持着联系。

按照谋划，要继续与西班牙交战，就要削弱王后在本国政府内的政治影响。路易十三选择的手段是组建摄政委员会，也就是说必须有委员会在旁，王后才能执政。只要选对了人，这个摄政委员会就能发挥出不容小觑的作用，因为每个决策都要经过委员会中多数人的同意。

因此，委员会的人选是个难题。那些大贵族，尤其是王室家族的成员们，可以说生来就是国王的参谋，如果不想在摄政初期就引发暴乱，委员会中就不能缺少这些人。既然，年幼的路易十四国王无法亲自带领军队镇压这样的暴乱，从而赢得人们对王权的认可，那么，他就只能自己吞下这颗苦果；与西班牙的战争是当务之急，与之相比，压制大贵族还是次要的。在这样的情况下，路易十三也原谅了奥尔良公爵加斯东近来的叛乱，并拟定他为王国中将；同样，孔代亲王亨利二世·德·波旁也被选入委员会中。这样一来，第二和第三顺位的王位继承人都进入了摄政委员会。

为了在王后和这两位大贵族在场的情况下，依然确保自己的政策能够延续下去，路易十三在遗嘱中选出了黎塞留手下的四个人，任命他们进入摄政委员会：马扎然、外务秘书沙维尼、财政总长布蒂利耶和首席大法官塞吉埃。巴黎高等法院于 1643 年 4 月 21 日记录了国王的这条声明。这样一来，路易十四就有机会在委员会内与摄政王后相抗衡了。

即使在一起生育了两个儿子，路易十三也并不真正了解妻子，但他的这份遗嘱确实失算了。多年来，安妮一直被国王和黎塞留疏远和冷落，她知道，现在丈夫死了，路易十四尚且年幼，自己翻身做主的时刻终于到来了。她想尽一切办法争取独立的摄政权，排除所有外界的影响，也就是“摄政委员会”的影响——她要拥有“完整、彻底和绝对的权威”。

为此，她需要帮手，而她的第一人选就是由黎塞留一手提拔的马扎然。虽说奥地利的安妮嫌恶黎塞留，但她还是与马扎然结成了政治联盟，这使时人非常惊讶。马扎然在1632年就结识了被孤立的王后，他虽效力于黎塞留，却通过特别的关怀和时常奉上的礼物，很好地维护着与王后的关系。他们一个是路易十四的母亲，一个是路易十四的教父，两人都认为，王后虽然在路易十三和黎塞留那里经历了痛苦的过往，但对于路易十四来说，顺利实现路易十三和黎塞留的政治目标仍是最好的选择。

此外，奥地利的安妮还要赢得那些从这份遗嘱中获益的大贵族们的支持，而最能使这些人心悦诚服的，还是那古老封建社会的古老“货币”——官职和土地。香槟行省长官的职位和失而复得的尚蒂伊城堡在向孔代亲王亨利二世·德·波旁招手。这座城堡从前属于这位孔代亲王的内兄亨利二世·德·蒙莫朗西，在1632年亨利二世·德·蒙莫朗西被处决之后，便遭到没收。奥尔良公爵加斯东的前景更好，他有望恢复奥弗涅行省长官的职务，由于之前的一次叛乱，作为惩罚，路易十三褫夺了他的这一头衔，甚至，现在他还能够保留中将的职务。

最后，奥地利的安妮还需要巴黎高等法院

的帮助，因为路易十三的遗嘱是由他们登记入册的。高等法院也利用这次机会，改善了他们在政治权力上的处境。在老国王去世之后，他们不必再向路易十四宣誓效忠了。这清楚地表明，高等法院成员不受国王本人的牵制，法院拥有一定程度上的自主权。另外，要使老国王的遗嘱失去效力并宣布王后摄政，还需要举办法国最重要的政治仪式——“国王行法会”（Lit de Justice）。这一名称的字面意义为“司法之床”，它的由来是这样的：在高等法院为此举办的特别会议上，国王坐在一张宽大的王座上，这张王座高高地放在好几级台阶之上，让人觉得国王好像躺在一张床（Lit）上。当某一高等法院不愿认可国王的某个决定时，国王可以借助“国王行法会”来解决问题：国王、王室成员、法兰西贵族们（Pairs de France）和赶来的最高法院成员聚集到一起，通过这种仪式化的方式展开协商，这也满足了中世纪国王必须倾听臣子谏言的要求。如果国王以这种形式听取了高等法院的建议，高等法院就必须接受国王的决定，并将之录入法案。

路易十三去世后没过几天，1643 年 5 月 15 日，四岁的继任者就被第一次带到了巴黎。那里的人们以节庆般的气氛迎接了他。路易十四下榻的是巴黎城内的旧王宫——卢浮宫。1643 年 5 月 18 日，路易十四就举行了他人生中的第一次“国王行法会”。在仪式之前的早晨，小国王在圣礼拜堂聆听了弥撒。这座礼拜堂是他的先祖圣路易建造的，人们认为他是为了在这里存放“荆棘王冠”这一圣物才修建的。“国王行法会”安排在弥撒之后才举行，这又提升了这场活动的意义。路易十四是否真的为这场大会致了开场词，各个文献的解读不尽相同。但无论如何，这场隆重的集会上充满了对小国王的赞叹，当时所有人都颇为满意：大贵族和议会一致同意取消路易十三对摄政的规定，由奥地利的安妮为路易十四摄政，并且她能够任命自己的参谋。高等法院主席在发言中要求获得提出异议的权利，并没有遭到驳回。这个要求要等路易十四以后亲自去驳回了。

这场“国王行法会”决定性地影响了路易十四的人生。它重新燃起了人们的希望，使人们认为，局势有望恢复到路易十三和黎塞留之前的时代："巨头们"能够重新与国王建立联系，为国王效力以获取尊荣、财富和权力。相对应的，他们也会构成潜在的威胁，旧时在政治和军事上施恩者和受恩庇者的关系又回来了。不仅是巴黎高等法院，其他地方高等法院也故态复萌，表现得像是这个国家的全权代表，重新开始检视国王制定的法律是否与老传统相一致。

在转换方向之后，人们期待摄政的安妮会将马扎然视作路易十三和黎塞留意志的化身，让他离开。然而，她却在当天就任命马扎然担任自己的首相。孔代亲王亨利二世·德·波旁发现，在马扎然身边，他无法施展拳脚，于是灰心丧气地退出了摄政委员会。作为大贵族中的一员，弗朗索瓦·德·旺多姆（1616~1669年）是亨利四世私生子的儿子，他计划使用暴力手段除掉马扎然，接着在1643年夏季，他就进了监牢。事实证明，与大贵族及高等法院的合作只是耍花招，为的是让王后能够继续将国王扩张国家势力的政策继续下去。而奥地利的安妮为此向大贵族和高等法院付出的代价则表明，与王权抗争再次成了一件有利可图的事。这原本只是王后在政治上的一个小手段，却最终成了该国政治上的重要转折点，将历史的道路引向了1648~1652年反抗国家统治权力的大规模起义，即所谓“投石党运动”（Fronde）。

3　年幼国王的成长

年幼的路易在仪式上表现得体，令人印象深刻，这是人们的共识。由于接下来他还将出席许多仪式性的、法定的关键场合，得体的举止是相当重要的。于是，在1643年即将满五周岁的时候，他就学习了如何在仪式中接受人们对他宣誓效忠。按照旧俗，那些最高等级官衔的新继任者必须亲自向国王宣誓就职；1643年8月，国王便迎来了长长就职名单中的第一位人物，他就是波尔多高等法院的第一主席。接着在9月和11月，未来的王室亲卫队队长以及两位法国元帅也先后宣誓就任。这两位元帅中的一位，杜伦尼[①]，后来战功累累。幸得路易

① 又译“蒂雷纳”，全名亨利·德·拉图尔·奥弗涅（Henri de La Tour d’ Auvergne，1555~1623），是法国六大元帅之一。

十四的青睐，杜伦尼在死后进入了王室墓葬教堂——圣但尼教堂，王室也为他立了一块大墓碑以作纪念。1644 年，叔叔加斯东作为朗格多克行省长官、堂兄路易二世·德·波旁①作为香槟行省长官，来向路易十四宣誓效忠。路易十四以国王的身份分配教区和修道院管区，并接受新任主教和修道院院长的宣誓。受到教宗委派、前来负责法国教区的枢机主教，也由他来颁发象征身份的红色帽冠。就这样，路易十四自小便对国内举足轻重的高官们了如指掌。另外，每当有高等贵族庆祝他们的人生大事，路易十四也会驾临现场，为这些庆典增辉：他四岁时就主持婚礼，童年时就开始担任贵族小孩以及其他孩子的教父，以此加强他们与王权的联系。

路易十四登基后不久就接见了外交使节。在一连好几个月的时间里，大量的使臣和代理人纷纷前来，他们先是吊唁去世的老国王，随后便要完成路易十四登基后的正式觐见仪式，最后还有临行前的拜别。就连那些相距遥远小

① 路易二世·德·波旁是路易十四曾祖父弟弟的曾孙。

国和王侯国，也向法国国王派来了使者：巴伐利亚、符腾堡、科隆选侯国、曼托瓦、帕尔马、马耳他、热那亚、威尼斯、萨伏依、葡萄牙、波兰、丹麦、瑞典等，不一而足。路易十四也早早担负起了外交往来的责任：1644 年，路易与英国大使一起用餐，并在当晚签订了延长法英联盟的协议。

作为王室的代表，路易十四接受的宗教教育相当深入。他不但每天都会聆听一场简短的弥撒，而且，例如斋戒期开始前的长篇布道，他也会参加。登基之后的几年里，路易在每个复活节前星期四的濯足仪式上，都会为贫苦的孩子们洗脚。他渐渐地访遍了巴黎最重要的教堂和修道院，并多次陪同母亲前往由她创立的圣恩谷修道院。他在民众的见证下参加、观看游行，而且在教会的重大节日里，他大多时候也会在巴黎城内的中心教堂现身。路易十四一生基本上都秉持着反宗教改革的虔诚作风，这是从他母亲那里习得的，受到了哈布斯堡家族的强烈影响。

同样，路易十四的军事教育也开始得很早。

1644年4月，这个五岁半的孩子就亲眼看到了他的警卫队是如何操练的。几天之后，路易又在一旁观看了瑞士警卫队的训练，他还在此过程中学会了“阅兵”：检视排成行列的士兵，检视他们的服饰、装备和战斗能力。登上王位后不久，国王就已经对军事的重要意义了然于胸了。1643年5月底，人们向他展示了在罗克鲁瓦（位于阿登省的南部）战役中大败的西班牙军队的旗帜；9月，他在卢浮宫向战役指挥官、后来的第四代孔代亲王路易二世·德·波旁表示了祝贺。对于此类重要的胜利，宫廷中都会奏响《赞美颂》（*Te Deum laudamus*），举行教会仪式，以表庆祝。1644年，路易十四就在巴黎的主教座堂里参与了一场伴随着《赞美颂》举行的仪式，为的是庆祝法国征服了弗兰德地区的格拉沃利讷。而在三十年战争的最后几年里，这样的纪念庆典相当多见。1647年，路易与他的母亲一起前往亚眠，并在这个当时的边境行省检阅了多支卫队和军团。海军当然也不能被遗忘，人们带他参观了厄镇港，并在厄镇东南方向三十公里外的迪耶普为他举行了一场海战演习。

另一方面，这个国家也在一步步地认识年轻的路易十四。到1645年为止，他已经拜访了坐落于巴黎城外的许多教堂和修道院，其中也包括蒙马特。在当时，从蒙马特山上就已经能俯瞰巴黎的盛景了。1646年，路易十四活动的范围进一步扩大：他到访尚蒂伊城堡，第一次短居贡比涅城堡，并在那里的森林里进行了为期两天的狩猎。在前往亚眠和从亚眠返回巴黎的途中，他像国王们在旅途中普遍会做的那样，拜访了远近亲戚，由此也对局势有了更清晰的认识：在圣高乃依修道院，在拉罗什吉永公爵以及巴索皮埃尔元帅的寓所，他都曾下榻。1648年，国王与母亲一同前往沙特尔，在主教座堂里聆听了一场《赞美颂》仪式（举办仪式的原因是欢迎他的莅临），并住在主教的宫殿中；在去往沙特尔的途中，他们在蒙巴松公爵赫拉克勒的宫殿中过夜，这位公爵来自强大的罗昂家族。1647年，路易曾两次在财政总管位于巴黎北部的“别墅”里用餐，席间他对税收体系积极的一面有了初步认识——财政大臣优厚地

“款待”了国王。

路易十四也早早地认识了自己家族所拥有的宫殿中最重要的那些：圣日耳曼昂莱宫、卢浮宫以及与之毗邻的巴黎皇家宫殿，最后这座是王室家族从黎塞留那里继承而来，并于1643年迁入居住。在之后的1644年，路易在枫丹白露这座狩猎行宫里逗留了六个星期。在夏季和初秋，只要是有经济能力的人，都会离开这座人口稠密且在高温下瘟疫盛行的都城。数个世纪以来，枫丹白露宫一直是一座备受国王喜爱的狩猎行宫，一座坐落于茂密森林中的华丽建筑。它雕梁画栋，建筑内收藏的珍品琳琅满目。弗朗索瓦一世（1494~1547年）命意大利的艺术家们扩建了这座宫殿，其中包括一间宏伟的陈列室。新建这间陈列室，为的是给敌对但同时也作为贵宾来访的卡尔五世①皇帝留下深刻的印象，号称要用意大利文艺复兴风格展现法兰西王朝的伟大。从1644年起，在大多数年份的夏末时节，路易十四都是在那里度过的。

① 又译“查理五世”，本书按德语发音采用“卡尔”译法。

各座宫殿的厅堂、陈列室、庭院和花园，也同样是教育年轻国王成为殷勤有礼的贵族男子的场所。他几乎每天都看望母亲，并从她那里学习到了关于这方面的一些基础常识。同时，在母亲的社交圈子里，他从宫廷贵妇和来访者们的身上体验到了宫廷精致的作风：室内音乐、服饰、谈吐等。他虽然享受这些谈话——无论是年幼的国王，还是之后成年或老去的他都是这样，但他自己却说得不多。他总是细致地观察着，所以很快就意识到，以他的身份地位，不说话比说错话要好得多。1645 年 11 月，路易在皇家宫殿看了一出戏，那是他命人为新婚的波兰王后[①]（1611~1667 年）表演的。第二天，他与她一起揭开了一场舞会的序幕，这场舞会也是为了向她表示敬意而举办的。跳舞也是要学习的技能，这对路易十四来说不是令人头痛的义务，反而早早地成了他的热情所在。1664 年年初，因萨伏依 - 卡利尼昂公爵托马斯（1595~1656 年）到访而举办的一场舞会，路易

① 指玛丽·露易丝·德·冈萨加（Marie-Louise de Gonzague），她当时嫁给了波兰国王瓦迪斯瓦夫四世。

成了公众的谈资，也成了半官方报纸《公报》上的话题。在宫廷内，谈论国王“礼节和举止”的声音不绝于耳：考虑到他的年纪，他做得太好了。在近代早期的宫廷舞蹈当中，人们要紧密地配合，用固定的肢体动作不断交换位置，此时还有来自周围人的注视：这简直就是一套受人观察的运动规则，而且从这个角度上来说，这也是一种社会关系的模型——同时还具有娱乐性。

这类庆典活动是一种昂贵的证明，展现出来的是特别的尊敬。在当时，意大利是欧洲音乐文化的中心，因此，马扎然在1647年选择了意大利艺术家，让他们在法国巴黎皇家宫殿完成戏剧《俄耳甫斯》(*Orpheus*)的首演。这出戏路易看过许多次，其中一次是为了那时已经去世的孔代亲王亨利二世·德·波旁的女儿而安排的。1647年秋季，路易十四在枫丹白露宫安排了狩猎、戏剧演出和一场大型舞会，来招待他的姑表哥查理(1630~1685年)，查理当时是流亡的威尔士亲王，后来成了英格兰国王。此时，九岁的国王已经能够让王侯们亲身前来觐见，而他也能够亲自接待他们了，比如黑森-

卡塞尔方伯爵威廉六世（1629~1663年），此人与法国联合对抗了德意志神圣罗马帝国的皇帝；又比如锡本比根亲王国[①]内的一位王侯，这一亲王国同样与德意志皇帝为敌。

要使路易十四完整地参与到宫廷活动中，所缺少的东西已经不多了：年幼的国王还要学会骑马和使用常见的兵器。1647年3月，路易十四与威尔士亲王一起来到勒皮迪奥·阿尔诺菲尼的“学院”，暂且作为观众观看骑术比赛。勒皮迪奥·阿尔诺菲尼1648年当上了王室骑术学校的主管，如此一来也就成了国王及其弟弟的马术老师。据记载，国王在1648年9月的一场狩猎中“表现出对此项王室活动的偏爱”，这表明路易十四当时已经能够独自骑马狩猎了。

在圣西蒙公爵（1675~1755年）的回忆录中有一段常被引用的评论，评论指出，路易十四的文化教育受到了忽视。事实上，年幼的国王的确没有学习耶稣会学校里的固定课程，那些课程是为研习法律、医学和神学而准备的。

---

① “锡本比根亲王国”是德语中的称法，亦称“特兰西瓦尼亚诸侯国”。

在路易七岁离开宫廷女眷的全权照看之后，维勒鲁瓦公爵（1598~1685年）开始负责国王的教育。考虑到弟子日后的身份角色，他倾向于顺着弟子的想法，激发年幼的路易对自己未来角色的兴趣。国王的母亲则更加严格：她有时威胁要打孩子，或让国王的侍从不用听命。

虽然老师颇为温和屈从，路易还是学了不少拉丁文，十二岁时他便能翻译恺撒的《高卢战记》了。作为西班牙公主的儿子，他未来也有可能成为西班牙公主的丈夫——这点尚在考虑中，他学习了西班牙语。后来他又学了作为外交语言之一的意大利语，因为这是罗马的语言、艺术的语言。而撰写信件的能力，一开始则是在与弟弟的通信中训练的：身体状况如何，致以衷心问候。他的学习计划之中也包括一些神学，这也是为了让他认清权力在道德上的边界。至于地理和算术这两门学科，基于那些战争、那些在弗兰德的旅行以及法国历史，对路易而言已然是有趣的了。

他的历史课程教授得非常深入彻底，因为历史学被视为一本指导当今事务处理的、全面的教科书。希腊和罗马历史连同古典神话一起作为榜样、警示和标杆为路易所认识：亚历山大大帝是征服者，恺撒是无数内外战争的胜者，奥古斯都是一个新的黄金时代的铺路人，君士坦丁是罗马的第一位基督教皇帝。对近代早期的精英们来说，古典时代的世界是精神上的第二故乡，是饱含隐喻的语言和文化形式的来源，也是进行具体比较的对象。路易扎实地学习了法国史。单是国王近侍拉波特就在无数个夜晚，于小国王临睡前为他朗读《法国历史和法国国王》，此书由梅泽雷（1610~1683 年）撰写，厚达千余页。

十岁时，路易十四就已经被相当深入地进行了塑造，掌握了一名法国国王应有的礼仪、体态和举止。在 1645 年 9 月 7 日的第二次“国王行法会”上，他明确表示，如今他已经能够与王侯及使者们沟通，与本国的权贵们谈话，他接受过十多次宣誓效忠，聆听过主教们布道，参加过游行仪式，为穷人濯足，检阅过军队，出席过庆功宴，接见过指挥官，对从巴黎周围到英吉利海峡的土地都有所认识，他曾下榻于贵族家中、居住过主教府邸和修道院以及那些王家最主要的宫殿，观看过戏剧及歌剧演出，较为深入地学习了骑术、狩猎和舞蹈，还参与到了民间节日中——例如1648年圣约翰节[①]前夕，巴黎市政厅前的篝火就是由他点燃的。

在上一个冬天，路易从天花病中幸存下来，要知道，德意志罗马帝国皇帝斐迪南四世（1633~1654年）就是在1654年死于这种疾病的，而且他还不是唯一的例子。由于受感染的危险极大，许多人离开了巴黎皇家宫殿，但奥地利的安妮留在了儿子身边。在生死边缘挣扎了数天、经历了不下四次的放血疗法之后，路易痊愈了。他的教父马扎然将一份礼物送进了他的病房，那是一匹英国马。为感谢上帝让他痊愈，他的母亲于1648年1月12日带他来到了巴黎主教座堂。短短几天之后，为反抗过度的国家集权而展开的大规模起义就打响了。

① 圣约翰节是每年6月24日基督教庆祝施洗者约翰诞生的节日，点燃篝火是节日前夕的习俗。

第二章　投石党运动和马扎然的权力（1648~1661年）

在持续五年的投石党乱中，路易十四渐渐意识到自己手中的王权是多么的脆弱。其间，他不得不多次出逃，再三与大贵族的军队对抗，并且认识到那些享受特权又担任要职的精英拥有哪些权力手段：城中人民起义，对城门进行封锁，以及对国王的法律行为进行否定。大贵族和高等法院代表中的反对派受到公众舆论的支持，他们想要终结马扎然所代表的“专制王朝”的“暴政”，想要获得有保障的政治参与权。

在与西班牙持续作战的同时，还要在军事

和政治上战胜投石党，这一段经历使路易十四知道了一个国王是多么需要一支自己的军队。而对于西班牙再一次支持叛乱领袖对抗王权的行径，路易十四也意识到战胜西班牙更是重中之重。路易十四的大炮上刻有铭文“ultima ratio regis”，意为“国王的最终手段”，这不是没有原因的。此外，路易还认识到，他需要可靠的臣子最好是从底层爬上来的人，其家庭及人脉都要仰赖于他，并且能与三个阶层中的既得权力者相抗衡。投石党运动失败的原因之一是它的参与者只在少数时候团结一致，而在大多时候为各自的利益而行动——巴黎高等法院要争取政治参与权，贵族则要为自己的家族和恩庇侍从争取权力和地位。这些教会了路易十四，在任命国内重要官员时，需要深入且全面地去了解他们，并且将此作为一项政治手段去经营。

十岁时路易十四虽然还没有独立执政，但他已经是一个真正的国王了，因而落差也就更大。之前的他只看过庆祝胜利的典礼，现在的他也见识了战场，还是在战场上面对他自己的臣子，而这其中还有不少人亲自向他宣誓效忠过。

1 战胜神圣罗马皇帝、平息高等法院叛乱

在1648年1月15日的第三次“国王行法会”上，路易十四哭了，他本该说句话引出首相的发言，但他却说不出来。他清楚地感觉到，与高等法院对峙是不可能的了。高等法院的总检察长奥马尔·塔隆（1595~1652年）毫不动摇，明确表示：高等法院成员充分理解国王的立场，但仍要做“自由的人而不是奴隶”；税收将农民置于穷困的境地；要没收国家公务员的财产；和平的时代应该要到来了。按照当时的标准，这番言论是极富挑衅意味的，引发这番言论的则是持续进行的西班牙战争和神圣罗马帝国战争，以及因此导致的不断增长的税负。

尤其令高等法院愤怒的，是统治机构额外增设了可供购买的职位。眼下已经有72名高等法院审理长（Maîtres des requêtes），但为了填补国库，1647年还要新增并出售官职，这会导

致现有官职的影响力、收入和价值下降。反对这项计划的不仅有涉及其中的人，还有整个高等法院。为了向国王施加压力，高等法院威胁要取消“波莱税”，不允许人们通过交税来获得已购官职的继承权。而这一点则损害到了一群有权者的社会经济生存状态，他们就是那些购买并在事实上拥有官职继承权的人。因此，1648年1月16日，高等法院在提出反对言论的基础上再进一步，采取了反抗行动，并宣布前一天录入的法律无效，因为那是出于被迫。对此类行为，黎塞留的政治遗嘱中有一个相对应的概念：“侵犯国王权威”。奥地利的安妮也使用了十分相近的说法“限制国王权威”。为了儿子的利益，她不仅与自己的弟弟——西班牙国王开战，而且在内政上，她也坚决捍卫国家利益至上的原则，即使构建这一概念的人正是她自己的仇敌黎塞留。

在宗教信仰上持保留意见使高等法院的反抗行动得到了支持：法国主要与信奉路德派的瑞典和信奉加尔文派的黑森－卡塞尔站在同一阵营，一同对抗信奉天主教派的西班牙以及天主教神圣罗马帝国皇帝。在皇帝看来，这场战争将是持续至今的三十年战争（1618~1648 年）的最后阶段。反对战争继续的意见之所以存在，是因为人们认为在战争中获益最大的是马扎然的金库，并且法国和瑞典的一连串胜利也让人们相信，和平是快速、轻易、不用花什么钱就能获得的。然而，这却是个错误的想法，因为在明斯特和奥斯纳布吕克进行的和平协商极为复杂。尽管在加泰罗尼亚、弗兰德和法国境内分布着诸多战场，马扎然在 1648 年仍想要给那些尤其昂贵的战场提供资金支持，因为法国国内的胜利与和平已经触手可及，而在那之后，法国就只需与西班牙作战了。

贯彻内政措施所需的军队远在沙场，王权统治危在旦夕。国王的母亲与高等法院代表之间的协商持续了几个月之久，针对高等法院的权力和税法的讨论越来越激烈。在作为反对派的司法机构中，有一种想法占了上风，他们认为是时候提升自己的地位、拓展协商的空间了。1648 年 5 月 13 日，巴黎高等法院和其他三家高等司法机构进行了四方会谈（根据一场 97 票对 65 票的表决)。英国的议会已经先行一步,让人们见识了使国王失去权力的方式,而且,对于巴黎高等法院的成员来说,一丝共和主义的气息也是极有吸引力的。奥地利的安妮说得十分简单明了,她将这些联合起来的法院称为“君主制中的某种共和制”。

1648 年的夏季,一个名为“圣路易庭”(Chambre Saint-Louis)的新团体组建起来。很快,他们提交了“二十七条建议”,以及一份对三十年来王权政策的审查文件:他们要求废除地方行政长官和非常规的代理人;取消税费租赁;降低人头税;由高等法院全权负责税法;禁止未经法官审判的逮捕拘禁(对应英国的“habeas corpus”,即人身保护令);即使违背国王意愿,最高法院的判决也保有法律效力;保护官职买卖体系等。在这个君主立宪制的模式中缺少了一些至关重要的东西:高等法院成员的人选应当是人民的代表等。在英国,即便只有极少的富裕地产主能够选举英国下议院的议员,选举也被赋予了一定程度的合法性。相反,法国高等法院中的位置不通过选举就能获得。站在巴黎高等法院的角度，人们看重官职的可买卖性、可继承性，是为了私人利益，这个原因虽然容易理解，却阻碍了法院的投石党运动，使之无法获得民主合法性。

1648 年夏季，眼看就要战胜皇帝，马扎然让摄政太后一再退让。路易十四于 1648 年 7 月 31 日举行了他的第四次“国王行法会”，批准了“圣路易庭”的要求。1648 年 8 月 26 日当天举行了一场赞美颂仪式，为的是庆祝孔代亲王路易二世·德·波旁在朗斯战役中战胜西班牙人。直到此时，奥地利的安妮才信任了王权的军事实力，下令逮捕巴黎高等法院的三名成员。其中一人侥幸逃脱，一人被顺利拘捕，而第三个人则是颇受拥戴的高等法院法官皮埃尔·布卢赛尔（1575~1654 年），他的逮捕引发了一场人民起义。

从第三次和第四次“国王行法会”中，从他在其他公开活动中获得的冷淡反应，也从他那越来越紧张、越来越丧失理智和耐心的母亲身上，路易十四已经感受到了投石党乱引起的凛冽寒风。投石党让他看到了巴黎城内遍布路障的景象。为了限制王室军队的介入并阻止劫掠的发生，城内各处均设置了栅栏路障（数量约为 1200 个）。这样一来，王室家庭相当于被监禁了起来，因为皇家宫殿也被路障包围了。

这座城市中的宫殿虽有王室卫队守护，却也无法抵挡外来的进攻；吕伊内公爵的宫殿遭到劫掠，一群人在宫殿中搜寻首席大法官塞吉埃，这可不是什么好兆头。于是，奥地利的安妮释放了引起这一切的主人公——高等法院法官布卢赛尔。马扎然对这些事件的总结是：“高等法院行使国王的职能，民众彻底顺从于高等法院；高等法院将布卢赛尔作为同伙交给了国王。”人们已经开始讨论，是否要革去马扎然和摄政太后的头衔，是否要将摄政权交给奥尔良公爵加斯东，这已经触及了马扎然的底线。于是，马扎然在 9 月 13 日清晨，带着路易十四及其弟弟逃离了危机四伏的巴黎。几天后，国王的母亲及宫廷侍从也随之离开，先是前往吕埃耶，9 月底便前往圣日耳曼昂莱。

距离的遥远确保了他们不会再次遭到拘禁，摄政太后下令军队朝巴黎进发。但是，高等法院和巴黎城并没有屈服于不断靠近的军事压力，而是为防御战做好了准备。眼看在明斯特和奥斯纳布吕克签订的和平协议就要被撕毁，马扎然建议摄政太后给高等法院一些耐心和忍耐。马扎然借此达成了一个重要的目标：10 月 24 日，《威斯特伐利亚和约》签订；皇帝退出西班牙针对法国的战争，法国获得了一些领土和盟友。然而，即使这份和约对法国极其有利，人们还是对马扎然颇为不满：他赢得的领土不够多，介入得太晚，而且战争也没有结束，因为西班牙还没有签字。

10 月 31 日，奥地利的安妮失意地带着两个儿子返回巴黎，但他们熟悉的巴黎已经不复存在了。眼下，高等法院的投石党运动正向有军事实力的巨头们寻求支持；黎塞留和马扎然的许多旧敌已经在摩拳擦掌了。巴黎大主教区的管理者让 - 弗朗索瓦·德·贡迪（1613~1679 年）从支持西班牙的天主教派“虔敬派”（Dévots）和巴黎大部分神职人员那里争取到了支持，通过各个教区可以有效地影响公共舆论。他反对王权的主要原因是，马扎然没有帮助他获得枢机主教的头衔。孔代亲王亨利二世·德·波旁的女儿同样加入了投石党运动。她的父亲是“有王室血统的亲王”，但她“只是”一个嫁了人的隆格维尔公爵夫人（1619~1679 年），她想让自己的丈夫和孩子将来也能以王室家庭成员的身份得到认可。而她的弟弟路易二世·德·波旁则拒绝参与投石党乱。国王方面在暗中争取到了他的军事协助，好让高等法院顺从王权意志。为实现这一目的，他们计划调遣忠于国王的军队包围巴黎城，而实施这个计划的前提是王室家庭的成员们处于巴黎以外的安全之所。在 1648 年 9 月王室成员出逃之后，心怀猜疑观察着宫廷的投石党们也明白了真相。

于是，在 1649 年 1 月 5 日夜间到 6 日凌晨，王室家庭又进行了众所周知的第二次出逃，再次离开了巴黎。凌晨三点，路易十四和弟弟被人从睡梦中唤醒，他们被带着通过一扇花园门，然后离开了皇家宫殿，和母亲一起坐马车出了巴黎城。与他们一同行动的还有奥尔良公爵加斯东、孔代亲王路易二世·德·波旁、马扎然及他们的心腹和亲人。为了不引起怀疑，人们没有事先准备好圣日耳曼昂莱宫的住处，因此宫内很冷，而且被整理得空无一物——一时不住人的宫殿，普遍都会这样。马扎然只命人准备了四张行军床，太后和两个孩子一人一张，还有一张给他自己。剩下的人，也包括那些女士们，运气好的睡在干草包上，运气差的就只能睡在空无一物的地板上过夜了。

状况不断升级：摄政太后命令高等法院和其他大法院在不同的小城市里召开会议，并向巴黎民兵队寻求支持，但徒劳无功。而另一边，高等法院占领了巴士底狱，决定组建军队，并于1月8日宣布马扎然为“国家敌人”。许多人都支持这一立场：孔蒂亲王二世阿尔芒·德·波旁、他的姐夫隆格维尔公爵、布永公爵[①]、弗朗索瓦·德·旺多姆，他们和其他一些人带着各自的武装侍从们朝巴黎进发。

那正是隆冬时节，国王的军队在孔代亲王路易二世·德·波旁的带领下阻断了巴黎的供

① 全名弗雷德里克－莫里斯·德·拉图尔·德·奥弗涅－布永（Frédéric-Maurice de La Tour d'Auvergne-Bouillon，1605~1652 年），是大元帅杜伦尼的哥哥。

给。面对饥荒的威胁，巴黎城对高等法院的支持就走到了尽头，而高等法院也将被迫屈服。马扎然从中斡旋，在隆格维尔公爵试图劝说诺曼底加入投石党运动时，让国王的军队出现在那里，导致公爵游说失败。为了不让布永公爵的弟弟，也就是杜伦尼元帅，将他手下由德意志雇佣兵组成的法国军队带往巴黎，马扎然用金钱收买了这些士兵，确保他们由一位可靠的指挥官带领，前往弗莱堡。孔蒂亲王阿尔芒·德·波旁和贡迪一度为投石党运动寻求西班牙的军事援助；换取帮助的代价是，高等法院和权贵们要签订一份法国和西班牙之间的和平协议。在没有君主在场的情况下，准确来说，没有皇帝的情况下签订对外的和平协议，这正是神圣罗马帝国各阶层在1648年威斯特伐利亚和平谈判的最终阶段准备要做的事，而且，他们由此迫使皇帝让步、和解。然而，像神圣罗马帝国各阶层那样，将自己置于独立自主的位置上，法国高等法院在1649年还远不能做到——直到1789年[①]，这中间还有一段路必须走。

① 指1789年的法国大革命。

没有诺曼底，没有西班牙的军队，在巴黎被围困四个星期之后，投石党人于军事上已经没什么可做的了。饥饿使起义者们经受了严峻的考验。此外，人们得知英国议会于1649年2月19日下令斩首国王查理一世。无论是高等法院，还是国王，双方都不想让一场内战带来这样的结果。于是，马扎然与高等法院代表团协商了调解办法，也就是1649年3月11日签订的《吕埃耶和约》：一方面，国王彻底免除对高等法院的惩罚；另一方面，高等法院将最近一段时间内所做的决议全部作废。鉴于法国在西属尼德兰边境的战争即将打响，王权能争取到的也就只有这些了。

此时的巴黎还不知道冲突已经冷却下来了。在这一过程中，高等法院与争强好胜又过度激动的大贵族之间的鸿沟帮了大忙，因为这些大贵族开始与国王方面谈判，商讨他们退出投石党运动的条件。马扎然记下了他们的要求：行省长官职位、头衔、尊荣等，巴黎高等法院院长莫莱在巴黎公开了这份清单。大贵族在面对统治者和马扎然时只为一己私利，并没有为高等法院和人民而战，这一点变成了全城皆知的事实。巴黎城很快就放下了武器——这座城市正如历代国王们所说的，是“好城巴黎”（la bonne ville de Paris）。4 月 1 日，所谓的《圣日耳曼和约》宣告投石党运动暂时告一段落。大批人员涌来觐见国王，其中一些组成代表团前来，向国王表明他们的忠心，其中包括高等法院、市政府、大学的代表，圣母院的牧师们，税务官员，商业行会代表，巴黎的手工业行会会长，法国司库大臣，等等。孔蒂亲王阿尔芒·德·波旁和杜伦尼，连同加斯东一起，甚至受到国王的邀请在贡比涅的树林里野餐。

1649 年 8 月 18 日，当路易十四以胜利者的姿态进入巴黎的时候，来表忠心的人仍然络绎不绝：申明忠诚立场的拜访、民间庆典、烟花和庆祝篝火，甚至还在市政厅里为国王举办了一场舞会。1649 年的秋冬时节，路易接受了圣餐礼和坚信礼，标志着他的童年就此结束。年满十一岁之后，路易于 1649 年 9 月被带进了国务委员会，并在随后的日子里有选择性地参加会议或参与个别议题的讨论。再后来，他也参与了财政委员会的会议和讨论。从这时开始，由马扎然作为导师，路易十四进入了时政分析教育的阶段。

2 王权与大贵族的冲突

很快，尚未解决的体制结构冲突便显现出来。作为国王和摄政太后的救星，作为军队的主宰，作为在投石党运动中灰心丧气的贵族们的保护人，孔代亲王路易二世·德·波旁想要对王权事务发挥决定性的影响，这使他成了摄政太后和马扎然所持政策的反对者。他想要成为法国海军的统帅，要求把官职和稳固的城池授予自己的恩庇侍从与亲戚，尤其是诺曼底的一处重要堡垒。在这样的情况下，奥地利的安妮和马扎然在一起事件中为路易十四分配了一个角色，他们相信这一事件将会终结大贵族们的痴心妄想——那就是逮捕孔代亲王路易二世·德·波旁、孔蒂亲王阿尔芒·德·波旁和隆格维尔公爵三位王公。要抓捕这三个人，只有在他们与各自的武装侍从分开时才可行，因此，他们被邀请到了皇家宫殿会议室旁边的一个房间里。那是1650年1月18日，路易将他们从房间请到了陈列室里，随后将自己和母亲一起关在房里避而不出，母子两人一边祈祷着这个计谋能成功，一边等待着逮捕行动的结束。

然而，这场行动没能换来冲突的平息，而是重新燃起了暴动的火焰。布永公爵负责在法国西南部寻求支援，他的弟弟杜伦尼则守住东部边境的要塞斯特奈。孔代亲王路易二世·德·波旁的姐姐隆格维尔公爵夫人在诺曼底组织反抗，三人被捕之后，他们手下的恩庇侍从则开始调遣军队。

1650年，路易十四和马扎然以及摄政太后一起带着军队来到了暴动的中心，为的是让各个行省的起义者们明白，他们的暴动不仅仅是在反对大受舆论抨击的马扎然，也是对国王的反叛，因此是违法的。2月，路易来到了诺曼底，他的出现起到了预期的效果：孔代的追随者们并没有举起武器，鲁昂的高等法院和其他法院向国王表明了忠心，而停靠在港口的二百艘船也都鸣响了礼炮。宫廷和市政府为表示对彼此的敬意甚至还举办了一场舞会。

相反，前往勃艮第的旅程让国王体会到了较为恶劣的气候。第戎和勃艮第的高等法院虽然接受了国王新任命的地方长官塞萨尔·德·旺多姆；路易也在第戎接见了高等法院、行省各阶层和其他机构的代表，但是在位于索恩河畔的贝勒加德（现在的瑟尔），孔代亲王路易二世·德·波旁的追随者们已经占领了这座经过加固的小城，因此，路易十四在那儿看到了围城的景象。4 月，他来到军中，受到了军士们的热烈欢迎。城内被围困的人们意外地听到了军中"国王万岁"的呼喊声，但他们并没有投出炮弹，而是鸣响了礼炮。很快，被围困的人们得到大赦，移交了这座要塞。回到巴黎，摄政太后和国王受到了来自高等法院的祝贺。而杜伦尼元帅、与西班牙结盟的隆格维尔公爵夫人、布永公爵，以及公爵夫人的亲信马西亚克亲王，则被高等法院宣布为国家公敌。

1650 年 7 月 4 日，国王一行人便向西而行，他们从枫丹白露宫出发，经过奥尔良、图尔、普瓦捷，首先来到了反动城市波尔多附近的利布尔讷。旅程中，路易十四到访了数座不同的宫殿，他不仅狩猎，也享受了水浴。但不论是在途中还是在利布尔讷城内——8 月的三个星期国王都逗留在那里，他最主要的工作还是接见各机构、各行省以及数十座城市的使者，他们没有参与贵族叛乱，都是来向国王表达忠心的：从北部的拉罗谢尔，到科涅克和圣埃米利永，再往南直到巴约讷、波城和图卢兹。

在波尔多之后，路易十四就没办法继续前行了。这座城市的人们非常憎恶国王任命的长官，迫于这种压力，城门为孔代亲王路易二世·德·波旁的士兵们打开了。有固若金汤的城池在身后，起义军与国王的军队展开了一场激战，而吉耶纳高等法院的代表则向国王表明，他们在这座城市里什么也做不了。同时，在波尔多的高等法院还向巴黎高等法院寻求支持，以对抗地方长官。紧接着，作为总督留在巴黎的加斯东就罢免了这名地方长官，甚至都没有与摄政太后、国王或马扎然商量。这是政治权力的僭越，并不是人们乐于看见的行为，但解决了一个问题，而且正赶上了酿酒葡萄收获的季节，这对这座城市的生存可是至关重要的：孔代亲王路易二世·德·波旁的军队撤退了，波尔多方面表示愿意臣服于国王，而国王则可以于10月5日乘坐橹舰、带领一支小型舰队进城。随后便是常见的宣誓效忠仪式：显示权威的接见，庆祝的篝火、烟花、舞会，以及国王骑马巡城——这是国王亲民的象征，同时也彰显了他的统治权。十天后，一行人经由枫丹白露宫返回了巴黎。

三名王公仍在羁押中，但审判流程还未走上正轨——即使他们“雄心勃勃”到了不知深浅的地步，也无法被定罪判罚。孔代亲王和孔蒂亲王的母亲的出现提醒了巴黎高等法院，而且受到提醒的还不仅仅是巴黎高等法院。虔敬派的首脑贡迪想要成为枢机主教，而这一次，马扎然又没有出手相助。于是，贡迪便关心起了旧日仇敌的命运。同样，法国神职人员全体大会也支持这几名王公。1651年1月，巴黎议高等法院派出了一支代表团，敦促摄政太后和国王释放这三人——他们又不是要让王权倒台，还是放了吧。面对这样的威胁，路易十四大为光火。奥尔良公爵加斯东则赞同那些人的看法，他以王国中将的身份下达命令（当时他也确实是中将），武装军队此后只听他一人指挥。受到加斯东的鼓舞，一支高等法院代表团于2月5日来到了路易和摄政太后的面前，他们提出了两个要求：释放三名王公，并且将马扎然清除出朝野。当天夜里，马扎然便逃离了巴黎。

摄政太后和她的儿子迫于加斯东的压力，于1651年2月10日批准释放三名王公。随后，马扎然亲自将三人从勒阿弗尔的牢中放了出来。2月16日，这三个得到释放的人在皇家宫殿觐见了摄政太后和路易十四。几天之后，两名亲王的姐姐，也就是隆格维尔公爵夫人，前来觐见。博福尔公爵[①]和杜伦尼也分别在4月和5月先后觐见了国王。马扎然逃往神圣罗马帝国，科隆选帝侯为他提供了位于布吕尔的一座小宫殿，供他使用。马扎然在布吕尔，借让-巴普蒂斯特·柯尔贝尔（1619~1683年）之手挽救自己在法国的财产，而这位柯尔贝尔，后来也成为路易十四的大臣。此外，马扎然还与摄政太后保持着密切的联系，让她继续在高等法院、

① 即上文提到过的弗朗索瓦·德·旺多姆。

加斯东、孔代亲王路易二世·德·波旁和贡迪之间挑起矛盾。

要做到这一点并不困难，因为当恢复几名王公职位的要求石沉大海，高等法院便会试图阻止马扎然回归。此外，由于这侵犯到了枢机们整体的政治地位，高等法院与贡迪及神职人员群体陷入了争端。而另一边，加斯东认为自己被孔代亲王路易二世·德·波旁压了一头，便召开了一场贵族大会，四百多名成员共同起草了一份建立贵族共和国的计划，这个共和国里的国王将会是没有实权的虚职。摄政太后自己也同意发布一份三级会议的召集令（但后来又拖延着不行动）。除此之外，太后这次还承诺贡迪，他将得到向往已久的枢机主教头衔，而贡迪也继续激烈反对孔代亲王路易二世·德·波旁，双方的追随者甚至在一场高等法院的会议上发生了械斗。

为什么要做出这些让步？加斯东不仅限制了国王的兵权，还想引发更加令人担忧的事情：投石党们决定延长国王的未成年期，由此增加贵族和高等法院统治的年限。在马扎然看来，摄政太后和国王应当等到1651年9月5日，也就是国王成年那天，再给出更强硬的回应比较妥当。只要再过短短几个月，加斯东就不再是中将了，无论高等法院在那期间做出什么决议，路易都可以按照自己的意愿任命谋臣。

旷日经年，路易十四锤炼出了“藏拙”的技巧，让人看不透他的目的，读不懂他的表情。他的这项技巧达到了炉火纯青的地步，就连精明的朝臣和外交官也要惊叹。在马扎然出逃的几天后，他的“演技”就受到了严峻的考验。1651年2月9日夜间到10日凌晨，巴黎城传出了摄政太后携子出逃的消息：整座城市充满了喧嚣与骚动，人群和民兵队将皇家宫殿团团围住。加斯东派出自己警卫队的指挥官，让他去查看消息是否属实。摄政太后不得不接见了这位指挥官，还带他看了及时躺回床上的小国王——他装作在睡觉的样子。对于指挥官回禀的消息，人们并不满意，为了阻挡皇家宫殿门前不断涌来的人潮，太后让其中一部分人进入寝宫，也让他们看到躺在床上的小国王——他继续装睡。

1651年，路易十四和他父亲一样认清了那些权贵的真面目。去年，孔代亲王路易二世·德·波旁还率领自己的军队向他开战，如今，偏偏又是他，在5月16日以吉耶纳地方长官的身份向他宣誓效忠了。路易十四甚至面对侮辱处变不惊。事情是这样的，7月31日，孔代亲王在公共场合与国王相遇，两人都坐在马车中，他却没有按照礼节问候国王。这件事传了出去，成了一桩丑闻，孔代亲王向国王道了歉，但那已经是三天之后的事了。

在这几个月里，路易除了日常行程，还在处理其他事务，而这些事务将在后来变得十分重要。4月18日，6月15日和25日，路易在凡尔赛，那是他父亲狩猎行宫所在的地方，而他会将之扩建成世界上最大的宫殿之一。此外，他还积累了更多的舞台经验：他多次在芭蕾舞剧《卡桑德拉》和《酒神节》中起舞，并且在宫廷中完完整整地演出了一次。

1651年9月7日，那是路易十四满十三岁两天后，一场圣礼拜堂里的弥撒和一场“国王行法会”标志着他正式成年。在会议上，他感谢了母亲，并任命她掌管高等法院。此外，他还做了一些事，取得了人们认同：他宣布，虔诚与正义（这也是与他同时代执政的神圣罗马帝国皇帝的口号）将会是他统治时的指导方针；他颁布了法令，禁止决斗和渎神，还有一条法令证实了孔代亲王路易二世·德·波旁无罪。在国王成年之前的几天，摄政太后为了能坚持下去，便答应要颁布这条法令。但即使这样，孔代亲王还是在“国王行法会”的前一天逃离了巴黎。通常来说，孔代亲王路易二世·德·波旁与其他拥有王室血统的亲王们一样，必须出席“国王行法会”，但也许是害怕再次遭到逮捕，或是遇到更加糟糕的情况，他出逃了。在蒙特龙，孔代亲王在姐姐隆格维尔公爵夫人的影响下，决定接受国王方面的提议，与之和解。

9月，路易十四只完成了几次接见，接见的对象包括外国使节和代理人；他还正式提名贡迪，让他获得法国下一个空缺出来的枢机主教头衔；之后，他与母亲于9月27日出发去往遥远的普瓦捷，1652年1月和2月，他们都是在那里度过的。孔代亲王路易二世·德·波旁又来到了波尔多，占领了这个地区一座又一座市镇。但国王的军队迫使他转为防御状态。

按照现已成年的国王的意愿，马扎然于1652年1月29日也来到了普瓦捷。当初，是加斯东、贡迪和巴黎高等法院逼迫马扎然踏上流亡之路的，他回到法国在他们的意料之外，这使他们大为不快。于是，他们便在都城准备了一场武装行动，以此来使国王记起之前他们臣服的条件。高等法院宣布马扎然不受法律保护，所有人都可以斩杀他。而马扎然不是只身独行，而是带着一支约6000人的雇佣军队伍；杜伦尼改换阵营，同样来到国王身边，并接到了一项指令。由于巴黎显得比波尔多重要，路易和他的母亲及教父一起，带着军队朝巴黎进发。道路艰险——必须要征服翁热，而且孔代亲王路易二世·德·波旁和加斯东的几支队伍已经集结在奥尔良。4月6日，孔代亲王在布莱诺消灭了王室军队的大部分主力。但第二天，他突袭国王所在地日安，杜伦尼则率领一路军队迎击，挫败了这场袭击。

在军队的掩护下，路易十四终于慢慢来到了圣日耳曼昂莱。在抵达后的那一天，1652年4月28日，加斯东的使者出现在国王及其母亲的面前，开始协商和解的办法。高等法院和巴黎其他机构的代表也纷纷来到圣日耳曼昂莱，寻求走出困境的途径：巴黎处于加斯东和孔代亲王的军事控制之下，而巴黎周围的地区也遭到他们的争夺。当国王来到城墙外，看到王室包围军的炮火也无法使敌方交出埃唐普城时，他切身感受到了局势的严峻。直到加斯东的内兄洛林公爵撤兵之后，王室军队才敢靠近巴黎城。而对孔代亲王来说，在西班牙的援助下，法国东部更为安全，他因此想要带兵东去，然而在经过巴黎城的时候，加斯东却紧闭城门，不允许他们通过。于是，7月2日，这两支军队在巴黎城前展开了战斗。经过几个小时的较量，孔代亲王的队伍背靠城墙，眼看就要被彻底击败了。但接下来发生的事情并不是孔代亲王大败，而是再一次教人体会到路易的那些亲戚们是多么的不可靠：路易的堂妹名叫安妮・玛丽・

路易丝[①]，也就是加斯东的女儿，她原本想嫁给路易；此时，她在巴士底狱下令用堡垒上的大炮朝国王的军队射击，而且瞄准的正是国王和马扎然观战的地方。而且，她还把孔代亲王的剩余兵马放进了巴黎城，他们随即杀进市政厅，成了巴黎的主宰。

王室军队守在都城周围，确保孔代亲王的队伍无法突围，而在另一边，路易十四在1652年的夏天为所有对马扎然心怀不满的人准备好了退路：他下令将巴黎的高等法院迁移到蓬图瓦兹（毕竟有数十名高等法院成员到场），在那里，他再次（在表面上）免除了马扎然的职务，将枢机主教的冠帽交给了贡迪。接下来，路易只需等待都城中支持孔代亲王的浪潮平息就行了。一场大赦可以帮助路易，但那些大贵族自然不在赦免之列。9月底，巴黎的商人代表就前来请求国王返回都城。巴黎城向往着安宁，1652年10月13日，孔代亲王带着剩余部队离

① 安妮·玛丽·路易丝·德·奥尔良（1627~1693年），终身未婚无子女，有“大郡主”之称（La Grande Mademoiselle）。

开了这里。八天之后，国王返回城中。

这一次，路易十四住进了卢浮宫，比起皇家宫殿，这里更易于防守。在卢浮宫中而不是在司法宫里，路易十四通过一场“国王行法会”宣布大赦，呼吁剩下的叛乱者投降，并禁止高等法院在未来再次干涉国务与财务。在接下来的几天里，他从一些普通机构那里听取了一些效忠誓言。但孔代亲王没有来，他转而开始为西班牙效力。对此，路易十四的回应也是一场“国王行法会”。在会上，孔代亲王路易二世·德·波旁、孔蒂亲王阿尔芒·德·波旁和隆格维尔公爵夫人连同他们的追随者一起，被认定为叛徒，失去了头衔和产业。12 月，路易在卢浮宫下令逮捕贡迪，巴黎大主教和大学校长前来觐见，为贡迪提出申诉，而路易对此并不理睬。由此，路易惩罚了支持投石党运动的人，算清了 1651 年被迫罢免马扎然以及大批人流差点涌入皇家宫殿的账，使巴黎各教区恢复了安宁。在那年夏季，奥尔良公爵加斯东错过了向国王屈服的最后通牒，令他大感意外的是，国王将他流放到了布卢瓦。1652 年 12 月 31 日，国王再次召开行法会，一步一步使高等法院接受重新树立起来的国王权威。

按照前一年马扎然遭到罢免并逃亡时就已经制订好的计划，路易将他召回宫廷，1653年2月3日，为了显示对他的尊重，路易在巴黎城门前迎接他的到来，并陪他一同进城，巴黎的高等法院和民众都保持着冷静。1653年夏季，波尔多和位于其东南方向的洛特河畔新城都在王权的震慑下投降了。1654年，莫泽尔河畔的斯特奈也随之投降，在投石党运动初期，王室为感谢孔代亲王路易二世·德·波旁的支持，曾将这里分封给他。8月底，路易十四和母亲一起拜访了王室墓葬教堂圣但尼教堂，并在父亲的墓前祷告。随后，他们查看了需要在即将举行的加冕典礼上穿着的礼服。

接下来，还发生了几起贵族叛乱，发生了许多或大或小的起义，但投石党乱过去了：法国既没有变成君主立宪制国家，也没有成为贵族共和国。

3　战胜西班牙和执政的准备

黎塞留和马扎然这两名枢机主教，还

有他们辅佐的两个国王——路易十三和路易十四，这几人只剩一项最重要的目标还未实现——战胜西班牙。在投石党运动期间，西班牙取得过几次胜利，其中包括1652年法国再次失去敦刻尔克，也失去了连同巴塞罗那在内的加泰罗尼亚。直到投石党运动结束，并且在加泰罗尼亚彻底战败之后，法国才终于能够集中精力在东北部作战。直至此时，1648年签订《威斯特伐利亚和约》的成果才真正得以收获：在法国取得的一系列胜利后，可以明确地感受到，神圣罗马帝国皇帝对西班牙的支持已然终结。

1653~1658年，路易十四每年都会有很长一段时间逗留在北方的战场。围攻圣默努尔德（1653年）、斯特奈（1654年）和圣吉斯兰（1655年），他都去了，还有以失败告终的瓦朗谢讷围攻行动（1656年）也不例外。接下来的那年，他在蒙梅迪和斯特奈两地奔波，但在蒙梅迪投降当天，他自己的警卫队也遭到了攻击。1658年，在征服敦刻尔克之后，这个阶段也随之结束了。

这些战场就像舞台。战事以攻克固若金汤

的城池为主，是可以从远处观看的，还能计算好风险，这让国王时不时以不那么安全的距离介入其中，也就是说，在敌方炮火的射程内视察自己的军队。对于那些希望能够在国王眼前表现自己、能够赢得荣誉和声望的士兵和军官们而言，国王短暂地与他们分担风险也成为一种激励。对路易十四来说，在前线的经历既是一堂军事见习课，也使他对王权有了更清晰的认识。虽说自弗朗索瓦一世在帕维亚之战中被卡尔五世的军队擒获之后，法国的国王们就不在第一线作战了，但他们仍然是战争的一部分。对功名的追求完全能够让人迷失方向，而马扎然就在他的教子身旁，确保他的生命不受威胁。

但即使这样，对于自己能够不知疲倦地出现在军中，路易也相当满意了。他自己的警卫队也归宫廷管理，他时常让这些队伍在巴黎周边进行演练，他自己则在旁观看，尤其是法兰西和瑞士警卫队、骑兵队以及通过大仲马的小说而为人熟知的火枪队。在1640年代后期和1650年代早期，他还与其他贵族在卢浮宫附近一座为他建造的堡垒中半游戏半严肃地学习和练习基础兵法。1659 年，他命人在枫丹白露也建了一座堡垒，在那里操练自己的卫队。这些身份高贵、对于未来事业又充满动力且装备精良的士兵，至少有几千人之众，既是保卫队，也是战斗团，使路易备感骄傲。有一次，他兴奋地对表姐妹说，再没有比他们更好的队伍了。

路易十四在走到人生的尽头时说："我太热爱战争了。"他在这些年里积累了什么样的经验就显而易见了：国王所认识的战争，主要是组织有序的围攻战，相对来说，对他的军队风险较小且过程顺利。即使他见识了战争的残酷，但火光与巨响留下的印象仍占了上风：战争让装备、武器与火焰相互碰撞，发出鸣响和光亮，就像一场暴风雨。而他自己，堂堂的国王，在战争中是运筹帷幄的中心，也是冷静的观察者。在战争中，尤其是在相对有序地围攻敌方要塞时，路易可以切实地体会到，他确实居于万人之上。周围的人似乎也意识到战争对国王的这种影响，而在凡尔赛宫镜厅（Galerie des

Glaces）的天花板中央，宫廷画师将路易描绘成擎着闪电的朱庇特，似乎也不是偶然。

路易从1650年代直到离世都定期狩猎，这也可以从类似的角度去理解：以统治的态度对待混乱局面；穷尽那个时代的一切可能性，活跃在广大的空间里；体验森林、田野、河流，以及天气。路易十四可能无法理解现代的自由概念，但即使这样，他心中也存在一个差不多的对等概念，那就是待在野外，待在朗朗青天下。1656年出征归来途中，国王与马扎然在野地里的一棵树下进食并非偶然。即使法兰西宫廷的礼仪规范远不如教宗和罗马皇帝的宫中要求的那样严苛，但对一个年轻人来说仍有诸多约束，要遵守纪律、要能静坐、要遵循仪式规程、要长时间待在室内——一般来说，路易喜欢看到房间的窗户都敞开着。

从军事上来说，法英联军在杜伦尼的指挥下于1658年在敦刻尔克城外的荒野上击败了孔代亲王路易二世·德·波旁率领的西班牙军队；没过多久，敦刻尔克就投降了。1658年6月25日，法军顺利进入敦刻尔克。在那之后，疾病第二次威胁到了路易十四的生命，这次他患上的可能是伤寒。他神志不清，胡言乱语，多次接受放血治疗，不过由于没有效果而用上了平时令人胆寒的强力催吐药和催泻药。这场重病在国王的身上留下了痕迹：路易失去了他蓄的长发。后来，他开始戴假发，在欧洲广为流行的假发传统由此出现了。

在这些年里，马扎然执掌着法国政治，没有遭到任何异议，他还教导国王如何处理内政与外交中的复杂问题。尤其在那些官僚机构尚且不够发达的行省，人事政策是个棘手且艰巨的问题。对于大部分的贵族，对于司法和财政体系中、教会和军队中拥有重要官衔的人，国王必须了解或调查清楚某个人是以怎样的方式处于何种关系网中的，必须知道他继承何种传统，是谁的恩庇侍从，是谁的竞争对手，又有怎样的家庭和财产背景；而后，王权必须将自身利益置于优先地位，但又不至于伤害私人情感。据说，路易十四后来评论过人事任免的难处，每当他分配一个职位，就为自己招来一个不知感恩的人和一百个不满的人。这种情况不断出现，要应对它，就需要完善的礼仪规范和完全不受约束的决定权。后来，当有人在路易十四面前夸夸其谈的时候，他总是会用一句“客套话”回应——“Je verrai”（我看看再说）。

国王的预备日程中还有其他一些要点。虽然在父亲去世后，路易十四就是国王了，但他至此仍未受到加冕。直到加冕之后，国王手中的国家权力才又被赋予了一层特殊的宗教意义。法国国王们涂上一点油膏，按照传说，法兰克国王克洛维（466~511 年）接受洗礼时，圣灵化成鸽子的形象带来了这种油膏。国王将被奉为圣人，而这一仪式正象征着被奉为圣人的国王皈依了天主教，早在中世纪，这就是法兰西王朝显示其合法性的主要程序了。

后来，路易十四这样向他的儿子解释加冕的意义：加冕能让民众们实实在在地看到“王权”，它能使国王本人变得“更高贵、更不可侵犯、更神圣”。因此，对路易十四来说，在兰斯举行的这场仪式并不只是表面功夫。路易还沿袭了源自中世纪的习俗：抚触病人，因为人们认为，国王的抚摸加上他对每个人都说的祝福语——“国王抚摸你，上帝治愈你”（Le roi te touche，Dieu te guérit），能够治愈一种如今颇为罕见的皮肤病——瘰疬。在加冕礼当天，1654 年 6 月 7 日，路易十四就通过这样的方式触摸了许多病人。直到 1670 年代，他还在许多大型节庆时保持这一做法，如圣母升天节、万圣节、圣周六或是圣灵降临节。最多会有几百人来到国王面前，例如在 1658 年的复活节就有约 800 人前来。虽然具有批判精神的法国精英们正在欣然接受笛卡尔在科学上带有怀疑主义性质的、对方法论的严谨态度，虽然在这个国家大部分地区流行的加尔文主义拒绝相信奇迹，虽然在学术上讲求准确并经营着法国高等教育体系的耶稣会士们在礼俗问题上也更讲求实用性，但是绝大多数民众的宗教生活受礼俗影响颇深，他们乐于接受王权带有宗教意味的那一面。在小国王的生活中，征服公众领域也是一个重要组成部分。这会通过画像的流通来实现，最普遍的就是以钱币的形式，但艺术复制品也越来越多地发挥这一作用，如油画、铜像、大理石像和油墨印刷。从小时候起，路易十四就极为频繁地以坐姿或站姿的形象出现在画像和塑像中，其中一些作品很早就出现在了公共场合。1645 年前后，为庆祝巴黎城内塞纳河上一座桥的落成，人们为路易（和他的父母）立了一座纪念碑。在巴黎市政厅的中庭，矗立着一座由吉勒斯・戛林（卒于 1678 年）创作的塑像，他将年轻的国王刻画成一位将军，脚踩着屈服的敌人，意指“投石党运动”。而另外一项推广手段就是他自己：单是频繁出入教堂，就能使路易定期出现在公众视野中。在他到访过的诸多城市中，几乎都有问候和接待活动让路易接触到公众。作为法国“第一贵族男子”，路易十四不仅出席了大量的贵族婚礼和洗礼，甚至还到高等贵族的葬礼上去进行吊唁，探望逝者亲属。他也会在宫殿之外参观珍奇异宝，比如药用植物园里的植物、鲸鱼残骸或是特别的艺术品。路易十四虽然不像他格外崇拜的祖父亨利四世那么“接地气”，但是，就算有随行侍卫前后护驾，在人情世故方面，他还是要比罗马皇帝更亲民些。1656 年 10 月 1 日，在荷兰边境附近的小村庄旺德吉索布瓦，他甚至在公众面前用餐。

在投石党运动后期，宫廷中开始排演既具有娱乐性又能反映社会现实的芭蕾舞剧，后来，在每年的狂欢节时，宫廷都会延续这个传统。路易十四热爱舞蹈，也是位优秀的舞者。一般来说，一场芭蕾会重复演出多次，用印刷出来的宣传单加以推广。在许多剧目中，国王也会扮演配角，但为了达到宣传目的而被更加抬高了的中心角色当然受到了人们更多关注。1653年，在孔代亲王路易二世·德·波旁对巴黎的统治结束后又过了几个月，路易在舞剧《夜之芭蕾》中扮演太阳：他的弟弟也一同参演，并在剧中下令审问，是什么让“群星的军队”仓皇而逃，还下令熄灭“鬼火”：“跟随我而来的太阳，那是年轻的路易。”（Le soleil qui me suit c'est le jeune Louis.）这出舞剧意指路易十四在投石党运动中取得胜利，剧中的戏服也使其声名大噪。

接下来几年的芭蕾舞剧表演则以强烈的爱情为主题：《普赛克：爱神的力量》（1656年）和《病中的爱神》（1657年）显然符合正值青

图3　投石党运动中获得的胜利，激发了人们在象征物上的想象力：1653年，在舞剧《夜之芭蕾》中，路易十四穿着这件戏服扮作太阳登场

少年期的国王的兴趣。在这几年，路易更加频繁地参加舞会，也更加坚定地走自己的路，例如1657年的春天，他出人意料地在国家大臣利奥纳的庄园里参加庆典，随随便便地就与宫廷女眷们散步去了。虽然路易的医生不愿在日记中提及国王这些看似合乎道德的行为有何不妥，但是，在1655年，路易就因为患上淋病而必须接受治疗。他的母亲和马扎然则须确保，他与宫廷中年轻女子们的接触不会引起任何政治问

题。路易想要长期接触的女性，首先是那些善于言辞的，比如奥林匹娅·曼奇尼（1638~1708年）和玛丽·曼奇尼（1639~1715年），两人都是马扎然的侄女。当别人妙语连珠地说出他心中了然却没有说出的内容，他似乎就会感到格外珍贵。在路易十四的情人中，虽然既有"艳压群芳的美貌"（蒙特斯潘夫人），也有"忘我的爱恋"（露易丝·德·拉·瓦里埃尔），但从长期来看，国王最看重的还是与情人们的交谈。

在准备独立执政的过程中，倒数第二个

图4　路易十四原本有意娶这名女子——马扎然的侄女玛丽·曼奇尼——为妻，但是国家的利益高于一切；由雅各布·费迪南德·佛特于1661年后创作

要点是缓和与亲属们的关系。作为拥有王室血统的王侯，他们虽然失去过恩宠，但基于其权力、身份和财富，仍对王室家庭有着重要的意义。以奥尔良公爵加斯东为例，从 1657 年 4 月起，他重新开始觐见国王，但大多数时间都待在布卢瓦，那也是他在 1660 年去世的地方。加斯东的女儿在国王出生之前就想要嫁给这位王室堂弟，两人也时常一起跳舞，但在巴士底狱却下令朝国王的军队开火。1657 年，她的流放生涯结束了。奥地利的安妮重新看到加斯东的女儿时，曾对路易说，她过去很坏，但将来应该会变得非常明智。堂姐能听自己兴致勃勃地讲述军队的事，路易显然很高兴。后来，她也时常出现在路易身边。1658 年，路易在她的巴黎市政厅内参加舞会，而她也参加了王室宫廷的多场舞会。孔蒂亲王阿尔芒·德·波旁则在 1654 年就已经重返宫廷了，1656 年成了吉耶纳的地方长官，1657 年甚至当上了意大利雇佣军的指挥官。1663 年，路易拜访了孔蒂亲王的姐姐，也就是同样被判逆反罪的隆格维尔公爵夫人。路易此行是为了吊唁她去世的丈夫，此人在1654年就已经回到了国王的面前。曾经的投石党人、经过战场考验的大将杜伦尼遵照路易的指示，帮忙照看哥哥的几个孩子，他的哥哥是同样参与了叛乱却英年早逝的布永公爵。就连孔代亲王路易二世·德·波旁的问题也解决了，而且解决问题的人是马扎然。西班牙将赦免孔代亲王作为与法国和解的条件，于是，他重新获得了那些在1654年得到认可的权力：他的名字、他作为王室血统亲王的特权、尚蒂伊城堡、勃艮第（另外还加上了布雷斯）地方长官的职位，他还取回了一些位于洛林的市镇，那是王权在1648年为感谢他包围巴黎而分封给他的。孔代亲王向国王书面保证了“不受动摇的忠诚”和“完全的顺从”。1660年1月27日，孔代亲王觐见了国王，这场会面并不容易，却是必要的，除国王外，只有摄政太后和马扎然在场。

还有一个马扎然无法替路易十四解决的问题，那就是他的弟弟腓力。幼童和青少年时期，两人相伴成长，曾有过激烈的争吵。在1652年去往巴黎的路上，两人还动手打了起来。1658

年路易在敦刻尔克身患重病，生命垂危，痊愈后，他得知弟弟身边亲近的人听说他将死的消息，已经提前显出欣喜的模样；后来，当国王提起这件事时，这位顺位第一的王储表示，他从来不想让哥哥死去，哥哥给他的偏爱太多了，他不忍心毁掉哥哥。路易很愿意相信这些话，更何况是在大病痊愈后，而且按照马扎然的说法，这甚至是一次“复活”。但是，弟弟腓力确实有毁掉哥哥路易的潜力，舅舅加斯东就是个很好的例子，加斯东对他的亲哥哥路易十三发动过的反叛行动一只手都数不过来。马扎然没有让腓力去做准备以承担国家要务，也没有培养他的野心。对于王朝来说，腓力与国王是亲兄弟，有他作为王储能维持王国稳定，但对路易十四本人来说并不是这样。腓力虽然与王廷交往密切，但很早就走上了自己的路：1658 年，他购买了位于巴黎以西的圣克卢城堡，资助剧院，成为一个同性恋圈子的中心人物，但不想像叔叔那样在政治上谋逆。腓力一生都与他的国王哥哥十分亲密，直到晚年，两人的关系仍亲密到能允许他们相互提出尖锐的批评、因私事而进行激烈的争吵。

年轻的国王从另外两个王室家庭身上所学到的东西则不那么令人愉快。瑞典的克里斯蒂娜女王总是给人惊喜：她有些男子气，非常博学（是她把笛卡尔的学说带到了瑞典），放弃了王位，改信天主教。1658年，在她第二次到访法国时，她甚至亲自在枫丹白露贿赂一名侍从，让他充当叛徒。她向国王解释说，作为女王的她同时也是法官，就必须强硬。如果传闻可信的话，她还对国王说，如果她是他，就会和真正想娶的人结婚，这句话仿佛是在国王心上扎了一刀——国王虽然爱恋着马扎然的侄女玛丽·曼奇尼，但终究接受了安排好的婚姻。

自1646年起，英国王室斯图亚特家族便在法国过着流亡生活，路易十四在枫丹白露宫接待了他们。英格兰的查理一世在“他的”内战中失败了，1649年被公开斩首。斯图亚特家族的成员，流亡王后亨利埃塔·玛丽亚和她的孩子们，主要居住在圣日耳曼昂莱宫中。作为王室家庭的近亲，他们轻松地加入了法国王室宫廷生活路易时常与他们见面。经历过投石党运动之后，斯图亚特家族的结局也让国王亲眼看到，议会和上层阶级的反叛不仅威胁到王国，更威胁到了君主的生命。要是他在投石党运动中败下阵来，可能会摔得更深更惨。

路易不仅与父亲一样受到亲人们的讨伐，而且他自己还不得不将亲人打倒，这对他来说必定是令人烦闷的经历。对于他的两位姑表兄查理·斯图亚特和詹姆斯·斯图亚特而言，路易就是这样做的。在1654年对抗西班牙的战争中，英国支援法国的条件是将英国的王位继承人及其弟弟驱逐出法国。虽然在第二次流放之后，查理还是回到了英国的王座上。但路易十四被迫经历了这一有失骑士风度的情形，放弃个人的尊严和道德，他虽然是堂堂国王，却还是要臣服于国家利益至上的原则。君王有义务将国家利益置于首位，因此不得不面临一些两难困境，路易的情人玛丽·曼尼奇可能就是其中最突出的体现。路易曾严肃地告诉母亲和马扎然，他想娶她为妻，但后来还是向国家利益屈服了：对于世袭君主制的国家来说，两人的阶级差别太大了，而且他的政治联姻已经是板上钉钉的事儿了。1660年，当路易因此与玛丽·曼奇尼分开时，他哭了，而她大概是这样说的："您哭了，可您是君主啊。"（Vous pleurez, Sire, et vous êtes le maître.）

路易十四在真正成为国家的君主之前，他必须结婚，并等待马扎然从政治舞台上退场。1658年之后，西班牙战胜无望，无法继续作战，与马扎然协商后于1659年签署了所谓的《比利牛斯和约》。为了让和平长期维持下去——这也是黎塞留当初的目标，这份和约签得很有分寸：法国接受比利牛斯山脉作为与西班牙的边界，山脉北侧的鲁西永归法国所有，但法国也彻底放弃对加泰罗尼亚的权利。法国虽然获得了西属尼德兰中可观的一部分，但失去了占领二十多年的洛林公国；诚然，法国在那里还保留了一些对军事策略颇为重要的地区。路易十四与西班牙国王腓力四世的长女结为夫妻，就好像为这份和平协议进行了"加冕"，锦上添花。这提高了波旁家族继承西班牙帝国的机会，因为在当时，在西班牙国王之后，就只有一名年幼的王子拥有继承权。虽然已经约定好夫妻两人将放弃继承西班牙王位，但腓力四世不相信法国方面会因为这份声明就放弃继承权；既然如此，他便省下了一份巨额的嫁妆，而这份嫁妆原本是放弃继承权的先决条件。

这份和约促使路易十四踏上了两次前往法国南部的遥远旅程。1658 年 11 月到 1659 年 1 月，宫廷为了评定未来的新娘是否合格来到了里昂。国王见了萨伏依公主很是喜欢，因为她也是个能说会道的人。但此次行程的目的是，通过展示除了“西班牙联姻”之外的另一种可能手段，来加速与西班牙的和谈。这个目的达成了。就这样，在流经里昂的索恩河上，一场烟火代替王室婚礼，“只”为年轻国王的胜利而庆贺。在新年前夜，国王触摸了约 1200 名病患，朗格多克各阶层的代表、格勒诺布尔和东布高等法院的代表也没有错过这个见到国王的机会。

第二次旅程，国王带着家人和宫廷侍从们，从枫丹白露出发，经由波尔多、图卢兹和卡尔卡松来到了地中海边的土伦，抵达了大西洋附近的西班牙边境。在无数的接待活动中，朗格多克的各阶层代表和普罗旺斯高等法院尤为突出。连同奥朗日和阿维尼翁这片属于教宗的王侯领地一起，路易十四还访问了两块飞地，它们在日后还将有重要作用。由于一场已经被镇压的起义，他要象征性地惩罚马赛，于是他从城门旁开出的一道豁口进入马赛城，而在法律手段上，他则任命了一位特别的地方长官来管理这座城市。路易十四乘坐王室舰队的一艘橹舰来到了伊夫岛上的小堡垒，还从土伦出发在地中海上航行了一天，第二天则在港内四处巡视。这次航行似乎给路易留下了深刻的印象：后来，他大规模扩建舰队，并且支持积极的海军舰队政策。更加重要的或许是他感受到了古典罗马的影响力。在巴黎，罗马人留下的痕迹已经消失不见了，但普罗旺斯仍洋溢着地中海风情，使路易十四体验到了一个全新的、只在书中读到过的世界。他探访了传说中抹大拉的玛丽亚曾隐居的山洞，为此他在雪中徒步登山；在尼姆附近，他参观了加尔桥，这座三层高的引水渠至今向人们讲述着古罗马的辉煌。

1660 年 6 月，在两国边境河上所谓的费伦特岛上，一切都已准备就绪，只待将新娘送到法国。6月6日，两国国王见面并承诺将遵守和约。这场会面也使西班牙国王得以与姐姐奥地利的安妮团聚，两人分别已经近四十年了；她请求哥哥谅解，她是为了儿子的利益才与西班牙作战的。6月7日，腓力四世将女儿玛丽·泰蕾兹交给了只比她大五天的未婚夫。婚礼于6月9日在法国的圣让德吕兹举行，动用了当地一切可能的手段办得隆重热闹。返回巴黎的旅程完全可以用“凯旋”来形容。这场婚姻预示着法国与西班牙之间的长期和平。在投石党运动和持续二十多年的战事之后，和平的确令人向往。就这样，1660年8月26日，夫妻两人进入了巴黎，他骑着骏马，她则乘着“凯旋马车”——这是巴黎这座城市在欧洲近代经历过的最隆重盛大的庆典。

在路易十四二十三岁那年，1661年3月9日，马扎然去世了。国王将他的职务一直保留到他生命的尽头。在最后的几年里，马扎然还有许多事要做：与他一样出身相对卑微的侄女们，在他的安排之下，嫁给了法国和欧洲高等贵族的亲戚们；他继续指导国王熟悉政务，并将自己治国和用人的法则传授给他。这一点至关重要，因为他建议自己的教子未来不再任用首相。马扎然他自己在国家中的职能相当于政府首脑，这一职能应当由路易十四亲自接手。有两件事是马扎然尤其看重的：国王应该亲力亲为，将正确的人按照正确的优先顺序（首要的是为国王效力）安排到恰当的职位上，并且在考量局势和做出决定时，他不应受一时激情的影响，或者像我们通常所说的：不被感情左右。这不是纸上谈兵，这需要身体力行。于是，在很长一段时间里，马扎然都在培养杰出的臣子，并将他们安排到正确的位置上，其中一部分甚至还承袭自黎塞留。只有国家财政的主管之位，他交给了不那么可靠的大臣富凯，由于在政治和作风上的缺陷，富凯随时有倒台的危险。人们先前之所以没有将目光集中到富凯身上，是因为马扎然作为首相，积累了法国历史上最雄厚的财富，同时他也拥有令人艳羡的艺术品收藏和图书馆（丹麦宫廷在哥本哈根复制了一间）。马扎然主要消化了黎塞留政治遗嘱中的两个要点：战胜西班牙和法国贵族。后来，路易十四在他的回忆录中称，马扎然是一位“深爱着我也令我深爱并且为我做出极大贡献的大臣”。

第三章　伟大的路易——峥嵘岁月（1661~1680年）

在马扎然去世后的二十年里，路易十四为自己建起了丰碑。艰苦的童年和青少年时代似乎使他格外需要安全感，需要统治权以及别人的认可。路易将自己的精神状态描述为“渴望功名”，而在写给王储的回忆录里他补充说，作为国王，他对“整个宇宙和所有时代”都负有责任。

1662年，为庆祝1661年11月1日王储的诞生举办了持续数日的庆典，国王将这一要求总结在了自己的座右铭中。他的徽记上画着一个太阳和一个其他的天体，还写着一句话“Nec pluribus impar”（意为“无与伦比”），意思大概是就像太阳照亮许多天体那样，国王的力量足以治理多个王国。类似的座右铭留给人们解读和阐释的空间，这也是它们吸引人的地方。可以肯定的是，这句座右铭暗指卡尔五世皇帝（其座右铭为“Nec plus ultra”，意为“无法超越”），而太阳则象征着孕育果实和严肃的统治。

虽然，太阳的图案和象征意义从16世纪就开始使用，并且被许多统治者使用过，但只有在路易十四这里，它才成为国王徽记的中心图案。路易这位资深的艺术资助人还设法传播和普及这一标志，这样一来，艺术家们也能利用太阳图案做些小小的隐喻，在作品中表达他们的忠诚。而另一方面，国王的批判者们则认为，太阳标志昭示出路易猖狂的野心。这些批判者的数量不断增长，因为路易十四推行了一种严厉的权力政策：在国家内部，在欧洲，也在能展现其身份地位的各个领域。后来，路易本人对他自己选择格言不再那么满意了，但人们关注点的转移是后来才发生的：格言与太阳图案催生了一种标志性的刻板印象，一个与他本人相距甚远的概念——“太阳王”。

1 “国王亲政”：臣服与扩张

马扎然的去世在路易十四的故事里是一个重要的转折点，因为国王听从了他的建议，不再任用首相。1661年3月10日，他在万塞讷通知总理大臣、财政大臣和国务秘书，未来他将亲自执政。之后，即使是颁发护照或是花费超过一百埃居的金额，都需要提前知会他。不久后，路易十四也将这个决定告知了他的母亲、弟弟以及其他拥有王室血统的亲王们，尤其是孔代亲王路易二世·德·波旁，让他们知道他们已被排除于政务之外。这一决定之所以没有引起人们的反对，原因可能在于有些人根本不相信年仅二十三岁的国王能将这份辛苦的工作坚持下去。然而，他们都错了。

政府系统的改造从国务委员会开始。在路易十四的一生中，他只委任过少数几位要员进入“阁楼会议”（Conseil d'en haut）。这是国务委员会中对国王来说最重要的会议，这里会宣读外交信件，主要谈论的是对外政策。一般来说，每个星期有两到三天，“阁楼会议”在国王的主持下召开，每次会议持续二到三小时。另外，国王定期出席国务委员会的第二会议，即“公函会议”（Conseil des dépêches）。这里会宣读来自各行省的报告，对国家内政管理中的问题展开讨论。财政会议是国务委员会的第三部分，国王只在开始时参加他们的会议；对于重要的事项，国王宁愿与财务总管直接讨论。国务委员会的其他会议都只在一段时间内发挥重要作用，或者国王也很少参与其中：财政委员会、加尔文主义问题委员会，以及主要作法院之用的司法委员会。路易十四还定期参加“宗教委员会”的会议，会议内容主要是高卢教会重要职位的分配。自1680年代开始，会议演变成了国王与相关神职人员每周一次的工作例会，而这位神职人员也是国王的告解神父。

任何部长、国务秘书或是宫廷侍从都不可以独占信息，独揽政务咨询。因此，各个参事委员会和管理机构都由国王一人统领。国务秘书们（并非部长大臣们）负责外交、军事、宫廷和海事等部门，以及“所谓的改革宗教”（这是对加尔文主义宗教的贬义说法）部门。这些部门主管有首相、国王的财政委员会负责人、财务总管、王室建筑及防御工事的负责人等。对于某些事务，他们会绕过参事委员会直接与国王探讨。虽然有若干官员和家族身兼数职，但没有人同时担任负责外交和战争的国务秘书。

几乎每晚，国王都会分别与各部门的负责人单独开工作会议。所谓“国王的工作”（le travail du roi）就是去处理许多要处理的文件，即“卷宗”（liasse），这些卷宗构成了参事委员会的工作框架。除此之外，国王的身边还安排了其他人员，来搜集信息和提供保护。宫廷侍从、司衣仆人、御医和御用理发师，他们都是受人敬重且生活富裕的朝臣（诗人莫里哀就担任过这样的宫廷官职）。他们向国王汇报的内容也包括其他人不愿说出口的事，而且他们还会将署名的陈情书转交给国王。这些宫廷侍从几乎无一例外地要侍奉国王一生，而且他们还会将自己的职位传给后人，这就保证了他们的忠诚不渝。国王不愿意在内廷中看到“新人”。路易有意识地从多个不同来源获取信息，并花费大量时间阅读请愿书、信件、档案和调查报告。

一些人将1661年路易的“上台执政”评价为做戏，是因为1661年被国王委任为高等参议的三人都曾是马扎然的属下。大臣于格·德·利奥纳（1611~1671年）自1663年起担任外交国务秘书，在黎塞留任职期间就已经证明自己作为外交官的能力。大臣米歇尔·勒泰利耶（1603~1685年）从1643年开始担任军事国务秘书。让－巴普蒂斯特·柯尔贝尔（1619~1683年）受到马扎然的大力举荐，1661年时就取代了最初受到委任的富凯，随后又掌管了多个部门：1664年担任王室建筑总督察和总负责人，1665年任财务总管，1669年任宫廷与海事国务秘书，1670年任矿业总督察。

这些大臣以及其后的多数大臣有一个共同点，他们都不是老派的“佩剑贵族”（noblesse d‘épée），而是新兴的“穿袍贵族”（Noblesse de robe）。他们受国王赏识而平步青云，与那些被排除在“阁楼会议”之外的地方权贵不同，他们没有属于自己的、随时待命的武装侍从队伍。但是，在各个行省、管理机构、贵族及议会圈子内，稳定的恩庇关系对中央统治的实施尤为重要。于是，路易十四便帮助他的大臣、各部门长官及其家人积累财富、建立有益的人脉关系；他特意将这些人的亲属安排在领导位置。就这样，大臣米歇尔·勒泰利耶的儿子，弗朗索瓦·米歇尔·勒泰利耶（被称为“卢福瓦”，1641~1691年）在其父尚在人世时，就已经成了军事国务秘书和部长。与之具有相似影响力的只有柯尔贝尔一族。为了从根本上避免某个家族独揽官职，国王通过扶持“新”的家族以构成长期的竞争态势，例如菲利波家族。

1661年9月5日，路易十四在生日当天颁布公告，逮捕财政总督察尼古拉斯·富凯（1615~1680年），借此强调了亲自执政的决心。马扎然曾利用过富凯，但他也为富凯的倒台做好了铺垫。他栽培柯尔贝尔为富凯的继任者，并且让所有人知道，富凯不仅窃取王室财富，还将布列塔尼南部的小岛“贝勒岛”扩建成了一处要塞。这不禁使人联想起投石党乱，因而触到了国王的逆鳞。

此时，外界还不知道富凯留在官位上的日子早就屈指可数了，对民众来说，另一事件扮演了更重要的角色。富凯身边都是才华横溢的艺术家，他对美的追求使他在穿着打扮上甚至比国王还耀眼。黎塞留就批评过王室宫廷还不够光鲜。路易十四拜访富凯的次数不少，而在这样的背景下，其中一次拜访被看作铲除富凯的起因。富凯在他的新宫殿沃乐维康宫中为国王举办了一场庆典。这场庆典有戏剧，有音乐，有烟火，除了“分寸”之外什么都不缺。路易似乎受到了侮辱，而富凯对此十分惊愕。五个星期之后，国王命令达达尼昂在南特逮捕了富凯。而在 19 世纪，大仲马在他的火枪手小说中，通过达达尼昂[①]树立起一座文学丰碑。

然而，铲除富凯的计划并没有按照国王的意愿顺利进行。正当柯尔贝尔将富凯的大部分财产收归国有时，对富凯的刑事诉讼却遇到了巨大的阻碍，断断续续地进行了好几年——成了

① 又译“达尔达尼央”，路易十四火枪队队长，大仲马以他为主要人物之一创作了“达达尼昂三部曲”：《三个火枪手》《二十年后》《布拉热洛纳子爵》。

一出民众们密切关注的好戏。最终，他于1664年12月被判处流放。国王将流放地点定在阿尔卑斯山另一侧，皮埃蒙特的要塞皮内罗洛，并且在事实上加重了处罚，变为终身监禁。而当国王最终决定释放富凯的时候，富凯已于1680年意外身亡了，他就这样成了国王“象征性政策”的双重牺牲品：他在1661年的倒台标志着路易十四统治意志的严肃性，在法律上对他的极端判决则显示出国王不愿意在政治问题上将最终决定权留给司法界。

可以说国王正在系统地按照计划行事，扩张他的君主统治。让高等法院和其他法院都臣服于王权，自1664年起就是王权政策的主导方针。即使在投石党运动之后，路易十四仍将高等法院和其他法院的权威视为对君权的威胁；按照回忆录中的说法，最令他憎恶的人是那些“对所谓人民利益有着错误认识，认为人民利益与国王利益相悖，将自己视为人民利益的维护者，而不考虑两者的利益其实一致”的人。对于那些在宫廷中买卖官职的人，路易十四并不将他们视为人民的代表。即使是糟糕的王权统治，也好过逆反，好过随之而来的混乱无序。他将国家和国王视为一体："当朕有国家在眼中的时候，朕就是在为自己而工作，国家的福祉便是朕的荣耀。"[出自《对国王职责的反思》(*Réflexions sur le métier du roi*)，1679年]后来，正是路易的这种看法让其他人（并非路易十四本人）想到了"朕即国家"的口号。合法的国王对那些"手中握有任何一种权力"的人太过宽容，让这些人成为"千千万万名小暴君"压迫最底层的人民，国家的"混乱无序"由此产生。对国王来说，正义和秩序并不在于权力的分配，而在于集于一人的国王权威。

对所有那些在投石党运动中斗胆对抗王权的组织和机构而言，这种政策对他们的压制还没有消失。尤其是1661年到1680年代，在系统推进国家现代化的过程中，这些政策是不可缺少的一部分。柯尔贝尔十分了解法兰西君主们收到过哪些较为老派的大规模改革建议，其中也包括黎塞留提出的那些。在马扎然解决了"西班牙"、"高等法院"和"贵族"这几个最棘手的问题之后，柯尔贝尔才能够说服路易十四，一步步地投身于那些尚待完成的使命。柯尔贝尔明白，这些丰功伟绩的荣耀要落到国王的身上，而且，他还以非同寻常的干劲和执着，积极地策划和进行着这些大行动。在这一过程中，路易和柯尔贝尔紧密合作；他们几乎每天都会在阁楼会议、公函会议、单独会议上一同讨论，另外，他们还保持着频繁的通信。

在这样的背景下，从1661年开始，路易十四逐步削弱各个政治机构的声望和影响力。自1673年起，高等法院在录入国王的法令时，无权再审核其内容；剩下的异议权也加上了极短的时限作为前提。但这还不够，国王还需要更多的助力：由于吉耶纳高等法院和布列塔尼高等法院在1674年没有积极应对当地的叛乱，路易十四于1674年将前者从波尔多迁移到了孔东，将后者从雷恩迁到了瓦讷，使两家议会在偏远小城中驻扎了好几年。

柯尔贝尔知道，许多“小暴君”的权力（这是一种“拓扑斯”）意味着中央机构的薄弱：要成功地降服司法界，使之长久臣服于国王的权威下，就需要新的、明晰的法律秩序。国王的法令应当替代那些老旧的、参差不齐的、常常存在地域差异的法律条款。带着这个目标，柯尔贝尔建立了多个工作小组，组织专门的通信汇报，并派人展开实地调查。在他的笔下诞生了多部法律巨著：1667 年的《民事诉讼法》、1670 年的《刑事诉讼法》、1673 年的《商法典》。此外还有 1669 年的《林业和水利法》，以及 1681 年的《海事贸易条例及管理》。路易十四是唯一一位如此高质量、大范围地实施法律改革的法兰西国王。

要看到改革长期的效果需要大量的时间，路易并没有这份耐心。为了扩张中央权力，路易迅速削弱各个阶级和各座城市的力量。比如说，各座城市必须接受军队屯扎，接受王室监督员的财务审查。对那些有叛乱倾向的城市，如马赛和波尔多，国王通过修建堡垒加强了监控，同时也是对其他市镇的威慑。对于巴黎，国王则从内部深化统治：1667 年，巴黎城新设了警察组织。由于警方加强巡逻，在那些尤为危险的城区内，杀人越货的违法行为有所减少；与很多城市一样，许多（非法的）乞讨者和轻罪罪犯如果没有被迫充军或是被判到橹舰上当摇橹苦力，就会被收容到类似监狱的教养所中。许多原本如同阴沟般脏乱的街道，得到了修整和打扫，夜间有约 5000 盏路灯照明。为了管理工商业的秩序，监督酒馆、风月场以及对公众舆论尤为重要的印刷作坊，国王还设置了便衣警察。1669 年，国王在巴士底狱视察了一间新的武器库，这也展示出国王对待巴黎的态度。

重振国王权威的行动尤其要牵涉贵族。在路易十四的回忆录里，他告诫王位继承人，要重点确认这些贵族的动机是纯粹基于“理智与义务”的信条，而不是复仇（为投石党运动）或者其他私人原因。要做到这点，方法是在削减他们权力的同时，威慑他们，并且给予他们在军队、教会和国家管理机构谋得职位的希望和让他们参与宫廷中“愉悦的社交生活”（société de plaisirs）的机会。一度手握重权的地方长官们，如今的任期被限制为三年（可连任再任）；只有获得国王的明确许可，他们才能在“他们的”辖区内拥有驻地；对于拥有王室血统的亲王和其他大贵族家庭，他们要么根本得不到这些职位，要么只能稍稍涉足。1666 年到 1674 年，路易十四下令正式审核贵族头衔，并于 1700 年再次执行这项审核，其目的十分明确，就是要清除那些妄称贵族的人，这使许多贵族都心生畏惧。这项行动与剥夺税收特权并行。至于贵族们所要求的自治权，早在 1662 年路易十四就通过更新“决斗禁令”拒绝了：禁令传递出的信息是权力与荣誉，均由国王定夺。

在国家政权现代化的计划中，巩固国家财政也是一项重要内容。1661 年到 1665 年间国王设立了特别法院，法院追溯了 1635 年之后包税人和财务管理人的经营行为，并进行了审核。由于这一领域极易发生侵占财产的违法行为，所以法院通过少数几例严格的审判就能起到杀鸡儆猴的作用，促使许多财务官员归还了钱款。柯尔贝尔以这样的方式筹集了许多资金，使王室还清了借款，还使财政支出中还本付息的比例降低了一半。柯尔贝尔的这一步还减少了“司库官员”（trésoriers de France）的数量，这些财务官员从纳税源头和王室之间截取的资金远远超出了他们的生活所需；由这些人组成的联合会早在1662年就解散了，而他们对税款征收的影响力，也逐步由王室督察官所替代。此外，路易十四还命柯尔贝尔减少可供买卖的官职及其薪俸，这些官职是在黎塞留和马扎然时期设立的，官职的拥有者定期从国库中领取俸禄。其中一些官职被取消，也没有设置替代的职位。这项财政政策除了具有经济意义之外，也有社会政治上的意义，因为买卖官职是富裕的社会上层在司法和行政领域发挥影响力的基础，也是升格成为贵族的途径。

路易十四用这些改革减轻百姓重担，但招致了第三等级和贵族上层圈子的诸多不满，尤其是那些在购买官职上投资并与国家财政有生意往来的人；在对富凯的审判中，一位法官认为，巴黎之所以对1664年的温和判决报以欢呼，是出于“恨”，出于“所有人在心中对当今政府抱有的仇恨”。受到黎塞留的启发，柯尔贝尔降低了对百姓们来说太过沉重的属物税（taille personelle）以及收税人按其征得税款比例获得的油水。他取消了许多人的免税权，提高了相对较低的土地税（taille réelle），向只在形式上免除税收的教会征收较高的税款。在王室领地上，他使那些因迅速牟利而毁掉的收入来源能够重新盈利。改革的成效早早显现出来：1662 年，王室的收入就已经超过了支出。

在这个时代，金钱就是国家的血液。一种被称为“重商主义”的、从政治上进行调控的经济模式，使货币能够在国家内部迅速流转，而且在以出口为导向的贸易当中，它将国内的剩余物资转化为盈利。而无论对内对外，最终都是为了实施更加深入的税收政策。为实现这一理念，人们采取了大量措施。在柯尔贝尔的影响下，政府招募欧洲专家来促进生产行业的发展：有来自荷兰的造船和矿业方面的技术人员，也有来自威尼斯的大型玻璃和镜面制造领域的专家。作为国家经济政策的象征而闻名的哥白林织毯工坊，成了荷兰那些墙毯编织厂的竞争对手。国王时不时地视察那些有名的手工坊，这些工坊的声望也因此提高。相比运营国有工业，更重要的是对手工坊、工业企业和工商业主的投资补助和津贴，向他们提供政策便利或使之享有特权。所有这一切都是为了能够持续培养出有专业资质的人才，保证产品的质量水准，从简单的纺织品到奢侈品，甚至到武器，以提高法国商品的出口能力。法国这个仍以农业为主的国家，与领先的贸易及货运国家之间的差距，尤其是与英国和荷兰共和国之间的差距，就这样缩小了。

路易十四也通过扩建基础设施来促进贸易和生产的发展。1666 年到 1681 年，在短短十五年的时间里，地中海和汇入大西洋的加龙河之间的运河就开通了，即两海运河（Canal des

图 5 路易十四的姑表妹到访马赛期间，气势恢宏的橹舰舰队使她产生了“对地狱的想象”；1688 年的这款纪念币炫耀了这支舰队装备之精良，“40 艘橹舰在马赛”象征着其对地中海的统治

deux mers）。按照荷兰的模板建造的水闸，在一万多名工人和不计其数的炸药共同作用下，此前被认为无法攻克的技术难题终于得到解决。此外，柯尔贝尔还建议成立享有王室特权、受到国家资助的贸易商行，事实上在亨利四世和路易十三统治时期就有了这方面的先驱：法属西印度和东印度贸易公司（1664 年）、北方公司（1669 年）和黎凡特公司（1670 年）。按照预想，这些贸易公司要与大肆捞金的英国和荷兰的公司竞争。然而，只有黎凡特贸易公司取得了相对的成功，维持了较长的时间。印度公司（Compagnie des Indes）及后续公司的发展历程充满波折。贵族们的投资低于预期，国家的大力干预使私人投资者们纷纷退缩，也惹恼了港口城市的批发商和海运企业家，他们被迫裹挟在这个由特权和中央操控的体系中。尤其是在印度次大陆上（首当其冲的是孟加拉），在马达加斯加、锡兰和爪哇岛上，已在当地取得一定成功的荷兰人对这些商贸公司实行的政策极为不满，甚至引发了军事冲突，导致了（虽然不是全部）多个殖民项目的流产。虽然存在诸多困难，这些政策仍是18世纪法兰西在印度洋上势力不断壮大的基础，并且，从圭亚那经加勒比海直到加拿大，法国长期以来对大西洋地区的侵略也从这些政策中获得了助力。

这样一种全球化的商贸政策——不仅要与荷兰及英国竞争，还要与西班牙及北非的巴巴里国家竞争——没有强大的海军，是无法长久进行下去的。作为海事国务秘书，柯尔贝尔拟定了一份舰队组建计划，涉及百余艘战船和数十艘橹舰。1670年代，舰队就已经拥有了120艘战列舰和22艘巡防舰。另外，在滨海地区，他针对航海相关行业的从业人员，引入了海军兵役制度；在1680年前后，涉及的人员有6万之众。为了组建和维护这支管理严格的舰队（1689年实施《海军法》进行管理），上万名工人扩建了数个军用港，部分港口配有大型军械库，其中包括敦刻尔克、土伦和马赛。罗什福尔的军用港、军械库以及整座城市都得到了彻底地新建，而布雷斯特，在拖延了一段时间之后，也成为法国最重要的三大海军基地之一。

2 “战争之王”——法兰西的战争机器

法国通过贸易和海事政策所进行的征服和扩张都指向国境之外，就这样，路易十四的对外政策在国家内部强化了政府的构成。法国在对抗神圣罗马帝国皇帝及西班牙的战争都取得了胜利，并且在1659年《比利牛斯和约》终止时拥有了一支经过战争洗礼的军队。在约15万名士兵复员之后，这支队伍在1661年前后仍有约55000人，其中约10000人隶属王室精锐部队（maison militaire）。军队在国王的领导下不断壮大，并且越来越现代化。到1678年，法国已经拥有了很强的军事战斗实力，约40万士兵整装待发；在和平时期，数量大约减半。比海军更为强大的陆军在法国社会中也扮演着重要的角色：要征募成千上万的士兵，要给他们制服穿，要让他们在营房或私宅中居住，要配备武器，要训练，还有退伍老兵和伤残军人需要供养。无处不在的士兵形象对法国社会产生了长远的影响，不仅仅是因为军队时不时在国内镇压因税收和饥荒而引发的暴动。出于军事利益，技术和学术创新也得到了发展，这对现代化要塞及弹药库的建造、射击武器（从枪支到炮弹）的进一步发展以及工业化制造业的兴起都产生了影响。正如海军一样，陆军军队也成了数学的应用案例、工程学的实践领域。

法国能在路易十四的统治下成为欧洲大陆最强势的军事力量，遥遥领先于其他国家，这很大程度上取决于老臣米歇尔·勒泰利耶的儿子卢福瓦。卢福瓦本人直到1672年才当上部长，但早在1660年代，他就已经渐渐从父亲手中接过了战争部的管理工作。他指挥的军队在那之前一直由高等贵族主导，如今也同样受到了现代化的文明管理，毕竟大约半数的王室财政预算都花在了这支军队上，战时偶尔还会达到四分之三之多。和柯尔贝尔一样，卢福瓦也与路易十四合作紧密；和柯尔贝尔一样，卢福瓦也在他自己的领域中建立起了一张恩庇关系的网络；和柯尔贝尔一样，他也同时支持现代化：他关注信息与调查，重视改革与调控。就连领导军事行动，卢福瓦也要拿出一派官僚作风——这就诞生了“内阁战争”。有强烈个人作战风格的典型人物，如孔代和杜伦尼那样的将领，随之消失。取而代之的是可预知的模式，例如围城和“焦土策略”。国王宁愿避开以战斗决胜负的风险。

大部分普通士兵来自贫穷的下层阶级，而在数量一度达到两万之众的军官中，有许多人都是没了产业的贵族。按照黎塞留的政治遗嘱，路易十四把军队作为一种贵族安置机构，将贵族融入其中。为了更好地控制这些贵族，他在1661年就取消了在官职政策中占中心地位的陆战队统领上尉头衔。贫穷的贵族能够在兵役中慢慢地开创出一番事业，然后，他们就可以出售自己的军官职位，还清在服役期间累积的债务，并用剩下的钱过上平静的日子。而拥有财富的贵族通过购买官职，年纪轻轻就能登上高位。国王通过慷慨地颁发勋章，也象征性地使军中的贵族紧密地聚集在王权周围。在那个格外看重个人荣誉的社会中，勋章对军官来说是极其重要的。路易十四从中看到了一种可能，能为一种“本身什么也不是”的嘉奖赋予

“不可估量的价值”，使之化作王权“看得见的标志”。

在欧洲，虽然人们将和平视为理想化的状态，但王侯与邦国间的战争仍是对外政治中常见的要素。路易十四执政时期恰巧是战争尤为密集的阶段。原因来自多个层面。全球性的寒冷气候使世界各地农作物歉收，饥荒引发了暴动，导致严重的政治危机。1650 年和 1700~1710 年前后数十年间，法国同样特别寒冷，动乱也尤其频繁，对外战争持续的时间也尤其长。

另外，欧洲还发展出了一种开战 - 和解的文化，这极其利于展开暂时性的战事：在战区内，战争的确会造成实际上的毁灭，但一般来说，并不会歼灭政治对手。如果一场战争在军事上必输无疑了，那么输家也只是在一份和约中放弃些领土或其他权利罢了。通过组建联盟，哪怕是较小的国家，战争的门槛也降低了；根据军事上的处境或者抓住政治上的机会，它们能够相对容易地从战争中走出来。

这样的框架性条件不是路易十四能决定

的，但对于那极具侵略性的对外政策，他是完全负有责任的。由黎塞留提出设想、由马扎然实现的和平，对国王来说是不够的，这或许与他志在整个欧洲的雄心有关。在近代早期，虽有领土和信仰上的差别，但欧洲仍被视为一个整体。中世纪用皇权赋予了这个整体一种秩序，如今这种秩序又重新上演了。神圣罗马帝国比法国孱弱，奥地利的哈布斯堡皇室家族也不如波旁家族强大。路易十四在回忆录中明确表达出对他们的鄙夷：那些选举产生的皇帝在他看来就是“一个德意志共和国的主管”，受自由王侯们的主导。神圣罗马帝国不够庞大也不够强势，无法维持领先的地位。既然比起法兰西的王室家族，“这个世界的国家无一例外，没有更加高贵的王朝，没有更加古老的君主统治，没有更强大的权力，也没有更绝对的权威”，波旁家族还会屈居“这些选举王侯”之下，就令人费解了。至于德意志皇帝，那个“一文不值的名字和他们帝国一文不值的影子”，在仪式上连最低程度的优先权也没有。法国的敌人必须看到，波旁家族有着“整个基督教世界的最高王座”。对于他无法得到的皇帝冠冕，路易十四带着向往和鄙夷，并用这样一个概念描述他自己的位置：“欧洲的裁判者”（arbitre de l’Europe）。欧洲那许许多多的王侯和共和国都坚持保有自己的独立地位，面对路易十四这种唯恐天下不乱的自我描述，他们首先看到的是一种狂妄。

路易十四的另一种态度同样不利于欧洲的和平：路易同时与奥地利和西班牙的哈布斯堡家族为敌，要知道来自这个家族的卡尔五世一度是欧洲近代最强大的统治者。即使路易十四的母亲本身也是哈布斯堡家族的人，是卡尔五世的曾孙女，即使西班牙已经被战胜了，路易十四还是认为必须要进一步削弱它的势力。1661年，西班牙使者与法兰西使者在伦敦就仪式上的优先权及先行权发生了争执，进而引发了一场动乱，导致了数人死亡，路易便威胁西班牙国王要发动新一轮的战争，以此侮辱西班牙国王。无论如何，腓力四世终究是路易的岳父，他不得不在信中道歉，并且这位西班牙使臣不得不当着欧洲各国约30名外交代表的面，向路易十四公开致歉。总之，对外政治的指导方针就是：横眉冷对哈布斯堡，俯首笑纳财富资源。

路易十四并没有一个详尽而具体的对外政治理念。他要按计划将法国的疆域扩展到莱茵河畔“天然边界”的那种老说法，并没有得到证实。同样，其政策也没有长期指向西班牙的遗产。但是，国王将摄政的标尺定得很高。自古典时期以来，统治者主要通过战场上的胜利获得“声望”和“名誉”；领军出征是国王威望和国家主权的一种象征。

路易十四有一场仗不是在欧洲打的，而是在北非。地中海西部和大西洋东部充斥着蠢蠢欲动的穆斯林海盗，他们乘船从阿尔及尔、塞拉（位于拉巴特附近）、突尼斯和的黎波里出发，在船上奴役、贩卖基督徒，或是囚禁他们以换取赎金。海上的奴隶买卖战争大多只牵涉少数几个欧洲国家，对于其他的国家，它们仍进行贸易。是敌是友全看实际利益。路易十四执政初期，荷兰在贸易上比法国更具吸引力，尤其是在1663年荷兰与阿尔及尔签订协议之后。

就这样，在这段时期，巴巴里人便更多地针对法兰西船只发起攻击。对此，作为回应，法国海军于1661年和1665年短暂轰炸了阿尔及尔的海港。鉴于法国海军装备精良，巴巴里国家转换了阵营。突尼斯和阿尔及尔随即与法国签订了协约。1666年，一位阿尔及尔使者为法国国王送来了两头狮子和一只鸵鸟。1682年，路易十四与摩洛哥国王签订协约，并命人为其使者再次上演了歌剧《阿提斯》（*Atys*）。此外，路易十四还在1660年代参与了两场针对奥斯曼帝国的战争。1664年，他派出一支法兰西军队前往奥地利，为神圣罗马帝国的军队作战。在圣哥达战役中，军队成功地守住了土耳其人的强攻，路易十四将此看作法国的胜利并加以庆祝。而1669年在克里特岛上，他不得不接受战败的事实。以至于从1645年起就持续受到土耳其人围困的、由威尼斯人看守的坎迪亚要塞（位于希腊的伊拉克利翁），法兰西远征军也没能守住。

路易十四在欧洲大陆上展开一连串战争，乍看之下都令人摸不着头脑。因为，国王在看似有利的联盟条件下，利用小冲突挑起战争，战争的结果主要是法国获得西班牙哈布斯堡家族的领土，而在战争中他最重要的对手却往往另有其人。这些冲突大多是出于对遗产的争夺，比如遗产战争、普法尔茨继承战争[①]和西班牙王位继承战争。此外，战争的原因还有已攻占领土统治权的问题（重盟战争[②]），以及联盟内义务的问题（1666 年对明斯特的战争）。因此，路易十四的战争年表蕴含了偶然的因素。他并非总是“局势的主人”——往往是政府不稳定的国家组成了不稳定的联盟体系推动着局势并引发了战争。

如果能夺取西属尼德兰，那么对于路易十四来说，波旁家族就真正战胜了哈布斯堡家族，法国东北部的疆界就能拓展到莱茵河畔。站在这个角度，路易十四于 1662 年从英国那里购买了敦刻尔克，并于 1663 年视察了他在洛林的军队：与洛林公爵签订的《万塞讷协议》

① 又称“大同盟战争”或“九年战争”，发生于 1688~1697 年。

② 又称“重盟战争”或“留尼汪战争”。

（1666 年）为他的军队开辟了直到阿尔萨斯的通路。另外，他还在 1662 年分别与英国及荷兰联省共和国结成了防御联盟，同样是着眼于夺取西属尼德兰，其中的荷兰联省共和国为了脱离西班牙的控制已经奋战了好几代人。然而，这两股海上殖民势力却处于敌对关系，并在 1665 年爆发了第二次英荷战争。路易十四与交战双方都是盟友，于是便面临着一个两难的局面，更何况法国与英国王室之间还有着紧密的亲缘关系。英国国王查理二世是路易的姑表哥，他在流亡期间，也是路易的玩伴。而且，路易的弟弟还在1661 年娶了查理的妹妹①。但即使是这样，路易仍在 1666 年年初宣布与英国开战，并且派出约 6000 名士兵保卫荷兰，对抗与英国结盟的明斯特亲王主教。虽说英荷战争在 1667 年就结束了，但对于路易十四来说，他与双方之间的信任都受到了损害。在那之后，查理二世坚定地对法国采取一种模棱两可的政策。而荷兰联省共和国也开始对法国国王有所保留，因

① 即下文中的亨利埃塔·安妮（1664~1670 年），她是英国国王查理一世与法兰西公主亨利埃塔·玛丽亚的女儿。

为在助战时，法国士兵在当地使用暴力迫使加尔文宗的信徒改宗。

在路易十四的三场大型继承人战争中，第一场是在西班牙国王腓力四世去世（1665年）之后打响的。路易十四宣称，他是在帮助自己的妻子在其父亲死后获取她应得的遗产。1667~1668年法西战争的名字就来自这种说法：遗产战争。但是，法国方面援引的法律条例只存在于一部区域性的私法中。于是，国王受到了神圣罗马帝国皇帝的外交官里索拉（1613~1674年）大肆地指责，里索拉具有煽动性的言论颇具成效，他指责路易妄图统治整个欧洲，建立“世界王朝”。这样的言论为反法联盟的行动创造了便利条件。由于心中还留有法国攻打西属尼德兰的阴影，英国和荷兰联省共和国于1667年就签订了和约，并于1668年连同瑞典一起组成了一支对抗法国的防御联盟，就这是所谓的“三国同盟”（Tripel-Allianz）。1668年的路易十四还不敢与这一联盟公开宣战，但他征服了属于西班牙哈布斯堡家族的勃艮第自由伯爵领地。在1668年签订的《亚琛和约》中，他从西属尼德兰那里获得十几座要塞城市，这已经令他满足，这些城市中也包括里尔。西班牙新国王卡洛斯二世也取回了自由伯爵领地。路易十四之所以匆匆结束这场战争，其中一个原因在于他与神圣罗马帝国皇帝利奥波德一世在 1668 年达成了一致意见，如果西班牙由哈布斯堡家族断后，双方便分割西班牙领土。法国有极大的机会，在病恹恹的西班牙国王死后，无需通过战争就可夺得西属尼德兰。

路易十四亲身经历了遗产战争的胜利；他带着自己的近臣辗转在一场又一场围城战中，并取得了胜利。1667 年出征时，他积极地投身其中，视察战马和围城用的壕沟，亲自发号施令并与军队一同宿营。在短时间的包围之后，图尔奈和里尔就投降了，而这就成了人们在被征服的城市内庆祝胜利的契机。在军队一路冲锋到根特之后，路易十四离开了军队，当年的夏末、整个秋季和狂欢节，他都是在热闹华丽的庆典当中度过的。1668 年 2 月，他参加了征服勃艮第自由伯爵领地的战争。这场征服战只持续了短短几个星期。在被占领的多勒、巴黎主教座堂和凡尔赛宫举行三场凯旋庆典之后，这场战争宣告结束。

塞维涅夫人（1626~1696 年）[1] 的描写极为贴切："国王以征服弗兰德人取乐。"（Le roi s'amuse à prendre la Flandre.）路易十分享受这种感觉，作为亲政的国王，在"万人之上"指挥军队，尤其是他的亲卫队英武非常，这总是令他十分入迷。于是，在 1669 年这个和平之夏，他命令军队为大臣和他自己进行战争演习，地点就在巴黎附近的圣塞巴斯蒂安堡垒：包围和进攻，外加大炮和火枪。他不顾和平条约，于 1670 年在那里检阅了 16000 名士兵。同年，他与妻子巡访了所征服的领地，毕竟，发起遗产战争的理由是妻子的继承权。在阿拉斯、杜埃、图尔奈、奥德纳尔德、克特雷特、里尔、敦刻尔克和加来，他们都受到了隆重的迎接，部分城市还通过绘制图画、修建凯旋门

① 原名玛丽·德·哈比坦－尚塔尔（Marie de Rabutin-Chantal，1626~1696），书信作家，其文字反映了路易十四时代的法国社会风貌。

或是燃放烟火来欢迎他们。1671年，路易再次带着妻子及宫廷来到了弗兰德，视察城防工程的工作进度。

视察与西属尼德兰接壤的边境并非出于毫无目的的闲情逸致，而是对荷兰联省共和国开战准备工作的一部分。路易十四将1668年的“三国同盟”视为对他声誉的攻击，这个联盟动摇他的优势地位，破坏面对内外敌人时的短暂和平。然而，路易对安全的需求远远超过了当时在王侯与邦国关系中公认的程度。“三国同盟”的建立并不能成为路易对荷兰联省共和国开战的理由，荷兰与法国之间针对贸易关税的争端同样不能，还有荷兰政府的散发小册子和奖章——它们以此尖锐批判法国政治，并嘲笑路易十四的为人和形象——就更不能作为战争的合法理由了。一位天主教国王，在芭蕾舞剧中扮演战神玛尔斯和太阳的角色，确实能为那些支持共和的加尔文派出版物提供很多用于戏谑的材料。就连出版相当自由的英国，上层领导们也得让人烧掉那些太过偏激的反法出版物。而在法国，如果哪位作者发表了此类批判，那等着他的就是巴士底狱了。

比起遗产战争，对于没有正当理由就要对荷兰联省共和国发起的这场战争，路易十四在外交和联盟政治上准备得更加充分。比如，他确保了自己能得到勃兰登堡选帝侯、科隆选帝侯以及明斯特亲王主教的支持。为了将1666年对英国造成的信任伤害减轻到一定范围内，他尤其花了大力气。他让自己的姑表妹兼弟媳亨利埃塔·安妮与其哥哥查理二世谈判。随后，这位英国国王在多佛秘密条约（1670年）中答应在定期收到钱款的前提下，改信天主教（然而并没有规定期限）并支持法国。

到了1672年，路易十四认为发动进攻的时机已经来临。法国军队及其盟军征服了一座接一座的荷兰要塞城市。从6月起，路易多次与法兰西军队一同跨越莱茵河开战。就连乌特勒支也沦陷了，旧天主教派主教兼宗座代牧内尔卡塞尔接管了当地加尔文派的大教堂。当法兰西军队向阿姆斯特丹进发时，荷兰大约80公里长、最宽处达数十公里的地区都被水淹没了，阿姆斯特丹、海牙和荷兰省[①]因为这所谓的“水线”成了无法攻破的地方。为了保卫滨海地区，荷兰海军也早已有了应对措施，他们在英国东部海岸的索尔湾海战中大大削弱了法英舰队的实力。

但即使在这样的情况下，路易十四仍认为荷兰国会提出的和解条件还不够，并予以拒绝。这样一来，他就促成了一场政治颠覆：鉴于约翰·德·维特[②]领导下的共和政府遭遇了灾难性的失败，主张回归“亲王共同执政”方针的奥兰治亲王威廉三世（1650~1702 年）赢得了广泛的支持，并且成为荷兰的执政官。而德·维特则于 8 月在海牙被一群暴乱分子杀死了。

1672 年末，路易十四虽然跨越莱茵河打了一场漂亮的胜仗，但这一场战役既没有让战事取得决定性的胜利，也没有换来和平，而是走进了“水线”和“索尔湾”的死胡同，并且导致了联盟体系中的剧变。奥兰治的威廉三世凭

① 位于现今荷兰西岸的历史地区名。

② 约翰·德·维特（1625~1672 年），17 世纪荷兰最重要的政治人物之一，作为“大议长”，是当时荷兰联省共和国的实际领袖。

借与勃兰登堡亲王主教和英国国王的亲属关系，劝说他们解除与路易十四的联盟关系。查理二世还冒险发动了一场内战，以继续他毫无成效的亲法政策，这也是出于经济和教派的原因。于是，英国和荷兰联省共和国在1674年就结束了它们之间的第三场战争。同年，勃兰登堡选帝侯也加入奥兰治的威廉三世阵营之中。1673年，西班牙、神圣罗马皇帝及帝国也认同了这种看法，认为欧洲的安全必须在西班牙和荷兰联省共和国手中得到捍卫（里索拉于1671年如是说），并于同年站到了荷兰联省共和国一边。促成科隆选侯区与法国联盟的梅斯主教，被皇帝于1674年下令逮捕了。在荷兰遭遇了数次军事失利之后，明斯特亲王主教于1674年终止了对法国的支持。随着瑞典1675年在费尔贝林败给勃兰登堡选侯国，法国与瑞典的联盟也在军事上失去了价值。

面对如此艰难的局面，法国在军事、经济和政治上保持了稳定。自1675年起，这个国家相当于凭一己之力与一个庞大的欧洲联盟作战，但即便这样，这一联盟也没有机会完全战胜路易十四的战争机器。相对地，即使法国征服了一连串的城市，例如马斯特里赫特，也显然没有可能在军事上战胜联盟。于是，和平谈判于1676年在奈梅亨开启，而战争也随着1678年和1679年签订的多个协议结束了。

这场战争的结果使1668年因三国同盟而中断的、对抗西班牙的遗产战争得以完成，从这个角度看，路易十四是满意的。荷兰联省共和国也同样得到了惩罚，但取回了马斯特里赫特。这样一来，奥兰治亲王威廉则成了这场战争实际上的赢家。他仍是荷兰的执政官，也取回了被法国占领的王侯领地奥朗日，此外他还赢得了英国的长期支持：他迎娶了玛丽·斯图亚特[①]（1662~1694年），她信仰英国国教，是查理二世国王的侄女。正如原先计划的那样，西班牙成了最大的输家：不只是勃艮第自由伯爵领地，西属尼德兰的其他一些城市和要塞也被割让给了法国，其中包括1677年和1678年夺得的城市，康布雷、瓦朗谢讷和伊普尔。法兰西军队于1677年征服了布赖斯高县的弗莱堡，神圣罗

① 称玛丽二世，1677年11月与奥兰治亲王威廉三世结婚。

马皇帝把它给了法国；法国在开战前占领的洛林也留在了法国手中。1680 年，在签订了《奈梅亨和约》之后，路易十四与遗产战争之后一样，巡游了由他夺得的疆土，从敦刻尔克到蒙梅迪，他举办庆典和宴会，也视察要塞的建造工程。在《奈梅亨和约》的影响之下，巴黎城在 1680 年向路易十四颁发了一个极有分量的荣誉头衔："Louis le Grand"——伟大的路易。

3 凡尔赛、艺术和王的女人

人们对路易十四的颂扬是一种统治者多方面宣传的结果。比起权力国家的扩张，或许"制造路易十四"（伯克）[①] 更能使国王受到当世和后世的推崇，树立起他那高大的形象。即使是在法国大革命中，他的王朝受到审判、遭到打击的时候，即使是在法国共和派史书无情的评判中，谈论的也全都是他的形象。大革命消灭了路易十四的遗体，却没消灭掉凡尔赛宫。大革命摧毁了君主制王朝和无数的统治权的象

① 参见英国历史学家彼得·伯克（Peter Burke）所著的《制造路易十四》（*The Fabrication of Louis XIV*）。

征物，但没摧毁政治国家。而且，对于许多能够作为艺术品留存下去的东西，大革命都手下留情了。路易十四将自己的形象通过艺术形式重塑出来，而恰恰是这些上乘的艺术品，甚至超越了他本人的名望，得以持久流传下去。

在这条成效非凡的策略中，融会了许多东西：君主宣传中的老花样得以持续，比如将宗教性与世俗性交融在一起。王权统治在17世纪突出强调其神圣性，而年复一年的教会节日则不断将王权的这一方面呈现到公众的视野中。在童年和青少年时期，国王认识到了自文艺复兴开始兴盛的君主宣传形式，下令兴建宫殿和花园，命人制作宗教和世俗的画像、塑像和纪念币，按流程举办庆典。黎塞留想要通过建立法兰西学术院（Académie Française），借助国王的资助，将随印刷技术一同兴盛起来的各种文学形式更好地掌控在国王手中。马扎然将意大利的歌舞剧带到了巴黎，而路易十四本人还在芭蕾舞剧中扮演了角色。但在1661年，还没有一个涵盖各类艺术资助的国家性中心机构。许多法国最优秀的艺术家甚至为富凯工作：建筑师勒沃[①]、园林设计师勒诺特尔[②]、画家勒布伦[③]、雕塑家吉拉尔东[④]和安圭埃尔[⑤]。富凯也资助剧作家莫里哀、高乃依[⑥]和奎诺[⑦]，以及以创作寓言闻名的拉封丹[⑧]。

富凯的倒台使许多杰出的艺术家来到了路易十四身边。路易十四不仅资助他们的艺术工作，还满怀兴趣地去了解他们的作品：他饱览众多佳作，其中包括莫里哀的《伪君子》和《安

---

① 路易·勒沃（Louis le Vau，1612~1670），出生于法国巴黎的建筑师，曾为路易十四和富凯工作。

② 安德烈·勒诺特尔（André Le Nôtre，1613~1700），出生于法国巴黎的宫廷园林设计师。

③ 夏尔·勒布伦（Charles Le Brun，1619~1690），出生于法国巴黎的宫廷画家。

④ 弗朗索瓦·吉拉尔东（François Girardon，1628~1715），出生于法国特鲁瓦的雕塑家。

⑤ 弗朗索瓦·安圭埃尔（François Anguier，1604~1669），出生于法国厄镇的雕塑家，其弟米歇尔·安圭埃尔（Michel Anguier，1612~1686），也是雕塑家，两人常被称为"安圭埃尔兄弟"。

⑥ 皮埃尔·高乃依（Pierre Corneille，1606~1684），出生于法国鲁昂的作家，法国古典主义悲剧代表人物。下文中的托马斯·高乃依（Thomas Corneille，1625~1709）为其弟。

⑦ 菲利普·奎诺（Philippe Quinault，1635~1688），出生于法国巴黎的剧作家。

⑧ 让·德·拉封丹（Jean de la Fontaine，1621~1695），出生于法国蒂耶里堡的寓言诗人，以《拉封丹寓言》闻名于世。

菲特律翁》，拉辛[1]的《亚历山大大帝》《贝芮妮丝》《安德罗玛克》《伊菲革涅亚》，还有皮埃尔·高乃依和托马斯·高乃依的《熙德》《俄狄浦斯》《阿喀琉斯之死》。第一部法语歌剧就是为路易十四创作并在路易十四面前上演的：由吕利[2]作曲、奎诺作词的《阿尔切斯特》（*Alceste*）。几乎所有这些作品的手法或抽象或写实，总是描绘路易十四所处的环境及其统治的方方面面。芭蕾舞剧《乔装的爱神》（*Ballet des Amours déguisés*，1664年）是在国王的一名私生子出生后不久被呈上舞台的；莫里哀在《海伯利安》（*Hyperion*）中嘲讽了他人对朱庇特（国王）的嫉妒之情；歌剧《阿提斯》则向观众保证，太阳（国王）将会晒干泪水，让花朵生长，并使爱之王国摆脱义务的束缚。艺术作品中对宫廷的反映非常深入，路易于1669年参

① 让·拉辛（Jean Racine，1639～1699），出生于法国米隆堡的剧作家，与上文提到的莫里哀、高乃依并称"法国古典戏剧三杰"。

② 让－巴普蒂斯特·吕利（Jean-Baptiste Lully，1632～1687），出生于意大利的法国巴洛克作曲家。

观了安托万·拜诺伊斯特[①]以“宫廷中最重要的人物”为主题的蜡像作品。

大量与国王相关的艺术作品为国王提供了一种可能性，使他能够消失在那些动人心魄的寓意与阐释背后。对他来说，艺术是多层次的：它既是消遣（divertissement）和玩赏的对象，也让路易看到国王这一角色的不同维度，同时还为他提供了身份认同和政治宣传。在艺术作品中，路易十四看上去就像《新约》中的好牧人[②]和一位新的圣人路易，也像罗马皇帝和太阳神阿波罗。在每年上演的大型芭蕾舞剧里，这些形象中的一些也变成了舞台上的角色。在1660年代的演出中，路易在1662年扮演过战神玛尔斯，1669年在多次上演的《花神》（*Flora*）中饰演太阳。这也是国王参演的最后一部大型芭蕾舞剧。

国王对艺术领域的扶持之所以如此深入，是因为柯尔贝尔。柯尔贝尔的统治深化体系基

---

① 安托万·拜诺伊斯特（Antoine Benoist，1632~1717），出生于法国茹瓦尼的画家和雕塑家。

② 《新约·约翰福音》中耶稣将自己比作好牧人，众人是羊。

于强大的机构和个人的资助，而他也将之运用到了艺术领域。在此方面，他还会咨询让·沙佩兰（1595~1674 年）的意见。黎塞留成立法兰西学院时，此人就提供过帮助，并且他还在 1662 年为使国王威名的长久延续提出了一项计划："保全国王伟业之荣光"（conserver la splendeur des entreprises du roy）。为此，政府建立了多所学院，为艺术家和学者们提供了许多工作委托，使他们在拥有影响力、收入和特权的同时，也有了持续不断的竞争。分别于 1661 年、1669 年和 1671 年成立的舞蹈、音乐和歌剧学院于 1672 年合并成为王家音乐学院。1663 年，柯尔贝尔重新组建了绘画艺术学院；该学院在罗马设立了一处分院，以便研究古典、文艺复兴和巴洛克时代的杰作。1666 年，科学院建成。建筑学院（1671 年）当然也不可或缺。随着 1680 年法兰西喜剧院（Comédie Française）的成立，戏剧学院也有了。1663 年，在法兰西学术院内部发展出了铸造学院的雏形，此院后于 1701 年成立；超过三百枚不同纪念币上的图像和文字都由该学院负责设计，以便铭记路易十四的成就。受到国王扶持的多位历史学家（拉辛从1677年开始成为御用历史作家）和学者都接触过古代的钱币和纪念币，他们都明白，这种媒介会对国王将来的形象产生多大的影响。

王国自然希望，受到资助的艺术家能将王权作为创作主题，而且在许多重要的艺术委托中，路易都会让艺术家拿出不同的草稿，亲自品评和挑选。这样一来，除了题材选择之外，风格也成了尤为重要的问题。然而，王家学院的成立也间接地促进了艺术的自主权。

为支持艺术创作，法国还迎来了一场真正的“出版浪潮”。得到出版的不仅有诗歌、文学、历史和政治著作，数量众多的油画和艺术品也被印制成平面图像，得以为法国乃至欧洲读者们所熟知。就连刻画路易十四“事迹”的纪念币也被收录到画册中，并配上解释文字。《公报》将宫廷生活中转瞬即逝的事件都记录了下来。1664年、1668年和1674年的大型庆典都可以在印刷品中找到记录，甚至包括所上演节目的文本和描绘着重要场面的插图。赞美诗和油画都被用来庆祝重要的大事件。借助王室媒体机构的宣传，1672 年征程中的横跨莱茵河之举，虽然在军事上毫无用处，却也成了一项英雄事迹。国王的形象不仅超越了在莱茵河上败下阵来的西班牙人，甚至比恺撒大帝更高大伟岸。

路易个人最感兴趣的是舞台艺术（芭蕾、歌剧、戏剧）、纪念币、园艺和建筑。国王刚开始投身于建筑设计时，他经历过重修卢浮宫等多项重大计划的失败。1666 年，卢浮宫在一场大火中遭到损坏。自 1650 年代中期开始，备受国王重视的建筑师勒沃就开始重新设计这座宫殿。柯尔贝尔阻止了勒沃，并做出安排，让国王邀请当时最著名的建筑师兼雕塑家——洛伦佐·贝尼尼（1598~1680 年）前往巴黎。贝尼尼虽然于 1665 年为路易十四完成了一座精美绝伦的胸像，但他设计的卢浮宫却失败了，其中一个原因在于，他的设计没有达到巴黎王宫的安全标准；单是出于经费原因，柯尔贝尔就已经倾向于将卢浮宫作为国王的主要宅邸。然而，路易十四根本不想在巴黎生活，而且他也坚持使用勒沃的设计。最终采取了一个妥协的方案，许多人都参与了这一方案的设计：勒沃、德奥尔贝①、勒布伦以及克劳德·佩罗②。卢浮宫那些雄伟的柱廊就这样诞生了，学者与艺术家们往来其间，但它却没有成为国王最大的骄傲。

后来，柯尔贝尔又提出过数次异议，一般是出于财政原因，但路易十四仍旧继续着他的建筑项目。1670 年他决定修建一座新式疗养院，收容因战争致残的军人，路易十四从一开始就将这个任务交给了卢福瓦。而卢福瓦也抓住这个机会，打算用军队和教会的经费为国王和他自己建起一座丰碑。王家荣军院（Hôtel Royal des Invalides）的设计参考了医院建筑，借鉴了西班牙的埃斯科里亚尔修道院（El Escorial），这座位于马德里的“王宫”融合了宫殿、修道院和王室墓葬的风格。1671 年，荣军院顺利奠

① 弗朗索瓦·德奥尔贝（François d'Orbay，1634~1697），出生于法国巴黎的测绘师和建筑师，与勒沃合作紧密。

② 克劳德·佩罗（Claude Perrault，1613~1688），出生于法国巴黎的建筑师，因参与卢浮宫东立面设计闻名，对解剖学和物理学亦有研究。

基，到了1674年，供人居住的建筑侧翼初具规模，第一批伤残军人已经能够入住了。荣军院内部的油画向人们展示着一场场大捷，这是对军中国王的赞颂，间接而委婉，也是对卢福瓦的赞颂。从1676年起，一枚纪念币将荣军院的建立保存在人们的记忆中。路易多次视察了这座对他十分重要的建筑；疗养院的教堂——巴黎荣军院大教堂，1706年他亲眼见证了它的落成。

路易十四将父亲的狩猎行宫，即凡尔赛宫，变成了最密集展示国王形象的地方。1662年，当建筑工程开始时，国王还不知道这项工程将一直持续到1712年，他也不知道自己脑中萦绕着的一个又一个的设计理念将在这里实现。在一期规划中诞生了一座游乐宫，它不仅用于狩猎，更主要用于夏季花园中的节庆娱乐：音乐会、戏剧演出、舞会、宴会、烟火、郊游……在勒诺特尔设计的花园中，虽然满眼是郁郁葱葱的灌木，但他也有着清晰的规划，水池、塑像，还有位置隐蔽的迷宫，按照伊索寓言和拉封丹寓言创作的雕塑也摆放其中：他借自己的设计赞颂阿波罗神，由此也赞颂了国王。除了出于居住目的而进行了小规模扩建并建造了一座橘园之外，1662 年之后主要兴建了三项水利设施：忒提斯山洞、拉托娜喷泉和阿波罗喷泉。忒提斯是古典神话中天空之神和大地之神的女儿，同时也是海神的姐妹和妻子；在夜间，她和她的宁芙仙女们会让驾驶了一天太阳马车的阿波罗神留宿。阿波罗喷泉中的雕塑展现了阿波罗清晨驾车出发的场景。在忒提斯山洞和阿波罗喷泉之间，坐落着拉托娜喷泉，而拉托娜正是阿波罗的母亲。作为朱庇特的情人，她正带着年幼的孩子们逃离朱庇特妻子的追赶，来到了一汪潭水前。农民们不愿让她在潭中喝水，她就施法将他们变成了青蛙，从中可以看出对投石党运动或是对国王情妇的影射。

在工程的第二阶段，凡尔赛宫被扩建成了一座官邸宫殿，像万塞讷、枫丹白露和圣日耳曼昂莱一样，能够供人居住较长的时间。他还修建了另外的楼阁供大臣们使用。从 1668 年到 1670 年，建筑师勒沃从南向北用新的殿室将老宫殿围了起来，这些新的空间被称为“大套房”

（Grands Appartements）。这些房间都被装饰得富丽堂皇，有着极高的艺术格调：古典时代的众神、英雄、皇帝和战将们不断吸引着访客的目光，最终使访客认为路易十四能与这些人物比肩媲美，甚至更胜他们一筹。从1668年开始，在多个建造阶段之后，花园里终于诞生了一条运河。运河将人的视线从宫殿一直引向地平线，河上的人工小岛可供举行庆典，而河中的小型战船又令人想起法国海军。1672年开始了宫殿周围城市和凡尔赛教区教堂的修建。许多大臣在此修建了小型官邸，以便往来宫廷时

图6 第一部法语歌剧《阿尔切斯特》（*Alceste*）在路易十四的宫廷中上演；1674年，该剧在一场大型节庆活动中于凡尔赛宫再次上演

留宿。随着政务越来越繁忙，宫殿中的王室排场也越来越大，当凡尔赛宫逐渐失去它作为游乐行宫的特性，路易便立即下令兴建了一座新的游乐宫。就这样，1670 年起有了特里亚农宫（Trianon）。

在与荷兰联省共和国的战争结束后，三期规划开始了，凡尔赛宫将被扩建为国王长久居住的主要宫殿。1678 年，宏伟的宫殿侧翼建成了，供国王的亲属、朝臣和部长们使用，而这也配得上“高贵的阿波罗”，按照作家夏尔·佩罗[①]1678 年所说，这是当时世界上最大的宫殿。水文状况给建造带来了极大的困难：一方面必须抽干沼泽湿地，或是将之扩建成水池水潭，另一方面，这个地区没有足够的水源供应这样众多的水艺装置、水井和喷泉。就这样，这个时代最神奇的技术杰作之一诞生了——“马尔利机”（La Machine de Marly）。这是一台由塞纳河水驱动的水泵装置，它将河水抽到高架渠上，再引流到凡尔赛宫中。另有一条运河和两座更

---

① 夏尔·佩罗（Charles Perrault，1628~1703），出生于法国巴黎的作家和诗人，因创作韵诗和童话闻名于世。

大型的供水高架渠还没能修建完成；单是在这块次要工地上，最多时就有三万人在劳作，其中大多数是士兵。1687 年，数千人死于疟疾；而由于一场新的战争，那些活下来的士兵们也被调走了。北翼的建造工程一直持续到 1689 年，而且需要拆除忒提斯山洞。山洞的消失突出了宫殿的全新规划，以罗马帝国为导向来展示国王形象，并由此赋予凡尔赛一种阿波罗式的田园风光。

新规划的中心是 1678~1682 年建造并进行内部装饰的镜厅。镜厅位于国王和王后的华室之间，并通过战争厅（Salon de la Guerre）与国王一侧相连，通过和平厅（Salon de la Paix）与王后一侧相接。如果说大殿所展示的是神话和历史中被超越的典范，那么镜厅就像一间油画画廊，用大量天顶画展示着国王的形象。与曾经计划的不同，这里并没有用神话人物海格力斯来隐喻国王，而是直接使用了国王本人的形象。

画家勒布伦通过纪念币等形式，展示了路易十四的官方历史。从 1661 年亲政开始，他就像朱庇特一样战胜了各式各样的混乱局面：与贵族的对决，巴黎的动乱，饥荒，还有奥地利的土耳其人。他使法国的优势地位在欧洲得到了外交层面上的正式认可。他夺取了敦刻尔克，为伤残军人建造了荣军院，在地中海和大西洋间打通了运河，扶持海军和海运，建立艺术学院，改革司法和财政。天顶壁画尤其颂扬了遗产战争和法荷战争：路易十四从明斯特亲王主教那里保住了荷兰，他在法荷战争中击败了荷兰联省共和国和神圣罗马帝国，并再次战胜西班牙。在这幅壁画中得到赞颂的事迹还有在马斯特里赫特与根特时他的速战速决，同时征服四座要塞城市，横跨莱茵河，以及最终由国王赐予的和平。自古典时期以来，还从来没有一位统治者受到过如此推崇。由于这种艺术形式珍贵而稀少、维度与众不同而又光鲜华丽，通过它来展示历史，本身也成为一件盛事。凡尔赛宫从一开始就向公众开放，尤其是其中的镜厅，传递出路易十四想统领欧洲的帝国雄心，这几乎在欧洲各地都引起了激烈的反响，其中有赞叹，亦有批判。

1682 年，当镜厅和大殿背后的居住空间完工之后，国王便带着宫廷侍从和部分政府机构，长久地在凡尔赛宫落下了脚。就这样，凡尔赛宫不仅成了展示国王形象的主要场所，还成了宫廷秩序的象征。

国王迁居凡尔赛宫与另一个重大转折有着密切的关联：1683 年，柯尔贝尔去世，而且那位不受国王宠爱的妻子也薨逝了。据说玛丽·泰蕾兹曾表示，自从她嫁给路易十四之后，仅过了一天幸福的日子，这是容易理解的：她在西班牙宫廷中长大，即使是在语言上，她也几乎无法为未来法国王后的角色做好准备，因而无法履行其后宫之首的职责。此外，她虽然在 1661 年到 1672 年间与国王生下了六个孩子，但截至 1672 年年底，五个孩子都夭折了。不仅如此，路易那数不胜数的露水情缘，还有那些往往同时发展的、长期的情人关系，也给妻子的内心蒙上了阴影。弗朗索瓦丝·露易丝·德·拉波美·勒布朗（1644~1710 年），1661 年作为路易弟媳的宫廷侍女来到宫中，在 1663~1667 年，与国王生下了四个孩子。国王的母亲不能容忍自己的侄女作为王后遭受这样的屈辱，所以直到她死后，路易才给自己的情人封了头衔，让她作为瓦里埃尔女公爵在宫廷中享有更高的规制等级，也使当时还活着的孩子享有合法身份。与王后一样，露易丝·德·拉·瓦里埃尔也因国王流连花丛而备受煎熬，在宫廷中与其妻子及其他情妇共同生活也使她身心俱疲。她花费了多年，才终于说服国王，准许她加入加尔默罗会；在告别宫廷之前，她在 1674 年公开向王后请求原谅。

当时就有人将这段三角恋情（连带其他次要的情人关系）写成了小说，而在 1667 年，路易十四与王后身边的一位已婚宫廷贵妇暗通款曲，又让这段恋情变得更加戏剧化。这位贵妇就是弗朗索瓦丝·阿泰纳伊斯·德·罗什舒阿尔·德·莫特玛尔（1640~1707 年），更多的人按照她的夫姓将她称为蒙特斯潘夫人。她是一位传奇般的美人，而且由于受到家族的重视和培养，她还有非同一般的口才。国王本身是个寡言之人，往往深思熟虑后才会开口，却很看重蒙特斯潘夫人能言善谈的神采，也正是因为这种性格，她在宫廷中站稳了脚跟。这可不是件容易的事，何况她本是侍奉王后的宫廷贵妇，而王后很快就知道了这层关系。此外，蒙特斯潘夫人还住在宫中，会与时不时出入宫廷的露易丝·德·拉·瓦里埃尔共处。一开始，她的丈夫也为这段关系制造了许多困难，还在圣日耳曼昂莱大闹了一场。对于这种不够精明的表现，国王的回应是禁止他在宫中和巴黎城内停留。1669~1678 年，蒙特斯潘夫人和路易十四生下了七个孩子，但其中四个死在了父母两人的前头。

图 7　弗朗索瓦丝·阿泰纳伊斯·德·罗什舒阿尔·德·莫特玛尔，嫁给蒙特斯潘侯爵为妻；她有着丰富的精神世界和“艳压群芳的美貌”（塞维涅夫人语），在大约十四年的时间里，一直是路易十四的情妇

这个新情妇心高气傲，她与国王的恋情引发了一连串的风波。其中较为严重的一次使路易十四与教会的关系面临危机。1675 年，在凡尔赛宫，一名神父拒绝赦免蒙特斯潘夫人的罪孽，因为她同时背叛了两桩婚姻（她与国王结了婚），而赦免是圣餐礼必须经过的仪程。为了保住自己在国王身边的位置，她提出了抗议，但有更重要的神职人员在背后支持代牧的决定。反过来说，国王也明白，宗教是他统治权的基石：在他与蒙特斯潘夫人保持关系期间，他已经大大减少了抚触病人的次数；他还没有做好准备，只为了一个情妇，就和教会撕破脸面，闹出丑闻。1675 年复活节前不久，他结束了这段亲密关系，并且向妻子、儿子以及多位神职人员承诺，要结束这种长期背叛婚姻的行径。从 1662 年开始，每年夏天，宫廷中都呈现着奢靡的氛围，而如今，这样的光景已成为过去。即使当路易和蒙特斯潘夫人在 1676 年夏天旧情复燃，并于 1677 年和 1678 年先后诞下两个孩子时，那样的景象也没有真正重现过。

宫廷中风气的转变与国王的另一个女人

有关。1674年，弗朗索瓦丝·德·奥比涅（1635~1719年）获得了曼特农的统治权，被称为“曼特农侯爵夫人”。同年，她来到了宫廷中。曼特农夫人出身于没落的加尔文派贵族家庭，她的一部分童年和青少年时期是在加勒比海地区度过的。1652年，她嫁给了当时改信天主教的保罗·斯卡龙（1610~1660年）——一位瘫痪的作家。斯卡龙举办着巴黎最精彩的文艺沙龙之一，也因此使他的妻子能与文人雅士谈笑，与达官贵人往来。后来，弗朗索瓦丝·德·奥比涅成了寡妇，蒙特斯潘夫人交给她一项任务，让其私下做蒙特斯潘夫人与国王所生孩子的家庭教师。在路易把这段恋情带来的孩子们接到宫中之后，这位“斯卡龙遗孀”也仍然履行着这项职责。之前，路易就很重视这位富有责任心的女教师，而且尤其欣赏她的谈吐——的确又是口才吸引了国王的注意。按照塞维涅夫人的说法，她的话语之间“从不流露强硬和尖酸”，也就是说，不像蒙特斯潘夫人那样锋芒毕露。蒙特斯潘夫人将她视作情敌，并采取了相应的行动。但是，曼特农夫人与露易丝·

德·拉·瓦里埃尔不同，面对蒙特斯潘夫人随忌妒之情而逐渐增长的敌意，她坚持住了。1679 年，她成为陪侍太子妃的宫廷贵妇，保住了在宫中的位置。而她成为国王的情妇可能是在 1680 年，在所谓“投毒谋杀事件”的背景之下。

尤其在 1679~1682 年，这起投毒事件是国王和整个宫廷的一块心病。1672 年，布兰维利耶侯爵夫人的一名情夫意外身亡，人们在他遗物中发现的线索表明，侯爵夫人可能毒杀了自己的父亲和两名兄弟。这个女人在 1676 年被处以死刑，而对她的审判在整个巴黎和宫廷中都引起了巨大的骚动，因为这一事件让人们注意到“遗产药粉”[①] 的使用似乎相当普遍。国王下令展开进一步的调查研究。在被称为“拉瓦辛”（La Voisin）的毒药贩子凯瑟琳·德沙耶被捕之后，与她联系密切之人交代了供货商和顾客的信息，涉及范围之广，涉事人员地位之高，都出乎路易十四的预料。路易十四于 1679 年下令设立了特别法庭（chambre ardente）。到 1682

① 常指含砷毒药，被用于毒害亲属以继承遗产。

年特别法庭解散为止，受到调查的约有 440 人（其中许多人来自司法界和宫廷之中）。最终有 36 人被判处死刑，23 人遭到流放，还有 5 人被送到了橹舰上。

1680 年底，国王得知这起事件甚至还涉及他自己。在多场审讯中，都有人指控蒙特斯潘夫人自 1667 年起便与德沙耶保持着联系，并且订购了毒药，要毒杀一位情敌。这位情敌据说是安吉莉克·德·芳达姬（1661~1681 年）：她是路易弟媳身边的宫廷女侍，1679 年成为国王的情妇，1680 年 1 月流产后便身体虚弱，最终在 1681 年离开了人世。而此时，蒙特斯潘夫人与国王的私生子已经获得了合法地位，为了保护孩子的母亲，为了保护高等贵族和自己不被丑闻缠身，路易暂中断了特别法庭的调查工作。对蒙特斯潘夫人及其身边人不利的审讯记录，再也没有呈送到法庭上，但很可能通过卢福瓦呈送到了国王手中。针对蒙特斯潘夫人的指控越来越多，内容也越来越令人胆寒：她订购了催情药粉，以便暗中使国王服下，而且她还杀害幼儿举行了数场黑弥撒，试图以此保持自己与国王之间的亲密关系。

最终，柯尔贝尔平息了这场风波。事实上，他的一个女儿嫁给了蒙特斯潘夫人的侄子。在宫廷关系网络中，柯尔贝尔和罗什舒阿尔两家有了这层关系，就相当于与勒泰利耶和卢福瓦家一派成了竞争对手。柯尔贝尔从政治角度分析了投毒事件，他发现除蒙特斯潘夫人之外，他身边受到指控的人也多得惊人，而勒泰利耶及其子卢福瓦周围的人都平安无事。这看起来像是一场阴谋。因此，柯尔贝尔在国王面前为蒙特斯潘夫人辩护，论证她的无辜。国王被说服了：由于她身份高贵，在她的供述中与投毒事件有所牵涉的人都得以免除死刑，对他们的调查也在暗中结束了。

不过关于这件事，我们还知道特别法庭后来又重新开始了调查工作。国王亲自查清了蒙特斯潘夫人的人际关系，并且按照他自己的想法，不经庭审便将数名参与黑弥撒和儿童谋杀的人终身囚禁在偏远地区的堡垒中。由于调查中断，许多高等贵族都逃过了常规的审判。比如，马扎然的侄女奥林匹娅·曼奇尼，她就躲过被终身流放法国境外的命运。此时的她已经嫁给一位萨伏依－卡里尼昂王侯之子，成为欧根亲王的母亲。而这位欧根亲王后来还作为奥地利将领，在战场上给路易十四带来了不小的麻烦。而战功赫赫的元帅弗朗索瓦－亨利·德·蒙莫朗西（1628~1695年），也只是在短短几年的时间里被逐出宫廷而已。随着投毒事件的发酵，路易十四与蒙特斯潘夫人的亲密关系也走到了尽头。但即使这样，国王还是会每天花些时间与她相处；对大众来说，在接下来好几年的时间里，她仍是国王的情人。1681年，路易与蒙特斯潘夫人在1677年和1678年生下的两个孩子也获得了合法身份。直到1684年，蒙特斯潘夫人才不得不放弃了她在凡尔赛宫中宽敞的殿室，搬入宫殿中较小的寝殿；1691年，她彻底离开了宫廷。

第四章　老去的君王（1680~1715 年）

1678~1679 年签署的《奈梅亨和约》可以证明，路易十四在律法、政务和军队体系中施行的改革是卓有成效的。1680 年他获得了荣誉头衔“伟大的路易”，1682 年迁入了凡尔赛宫并向公众展示镜厅，这些事都使他声名大噪，尽管他从 1670 年开始就不再参与大型宫廷芭蕾舞剧的演出，并在 1679 年走过了人生的第四十个年头。按照近代早期的标准来说，此时的他逐渐衰老，甚至可以说是位老人了。在入住凡尔赛宫的那一年，路易十四的年纪就已经超过其父亲的寿命。1683 年底，他的孩子中至少有九人已经去世，而他自己也已经当上了祖父。

在这样的人生阶段，国王不知道自己还能活多久，他开始采取一些巩固强化政策，进一步推进由柯尔贝尔和卢福瓦已经开始了一部分或是执行了一部分的项目——几乎持续不断的战争理所当然地毁掉了国家财政。路易十四与周遭的关系仍以至尊无上的独断和对政治及社会权力的影响和掌控为主。秉持着这样的信念，他在孙子腓力成为西班牙国王时，给出了这样一条尤为重要的建议："不要让别人摆布你；要成为主人。"（Ne vous laissez pas gouverner; soyez le maître.）

1　代价高昂的胜利：战争与殖民

要对抗一个由中小国家组成的联盟，即使在战争中投入大量的人力和物力，法兰西的战争机器也只能取得相对较小的成功。签订《亚琛和约》（1668 年）时的经历在签订《奈梅亨和约》（1678/79 年）时成为知识和经验。路易十四虽然仍在向东扩张国土，但他使用了不同的策略，即所谓的"再统一政策"。基于旧时采邑制度的君臣秩序，国王要求许多地区，尤其是阿尔萨斯和洛林，认可如今法兰西政权的主权地位。而法兰西军队则使国王的这些要求变得不可违抗。就这样，法国逐渐吞并了许多政权，这些政权加在一起非常庞大，其疆域也极其辽阔，几乎延伸至莱茵河畔。

当时的这些地域，分散开来都太狭小，因而没有为它们而组成的欧洲联军。反倒是法兰西在外交上与神圣罗马帝国成了新的合作伙伴。1679 年，勃兰登堡与法国结成联盟，作为交换，法国向勃兰登堡支付了资助金。1680 年，法兰西的王位继承人迎娶了选帝侯的女儿，法国也赢得了巴伐利亚的支持。在弗兰德，为了执行《奈梅亨和约》而进行了一场关于国界线迁移的谈判，而在谈判期间，法国未经宣战，就向西班牙挑起了一场小型战争。

“再统一政策”中的一个转折点是神圣罗马帝国城市斯特拉斯堡的归并。面对城门前约三万人之众的法兰西士兵，斯特拉斯堡于 1681 年 9 月放弃了抵抗。10 月底，路易十四带着王储、弟弟和妻子进入了斯特拉斯堡城中。虽然不是整座城市，但斯特拉斯堡大教堂（正如

1672年的乌特勒支大教堂那样）重新归于天主教派；路易在大教堂内伴随着一曲《赞美颂》揭开了凯旋庆典的帷幕。在一番轰轰烈烈的再统一行动之后，发生在1681~1682年的吞并斯特拉斯堡以及包围卢森堡（固若金汤的卢森堡当时属于西属尼德兰，包围以徒劳无功收场）行动，最终使各王侯领地和帝国势力地区跨越加尔文派、天主教派和路德教派，结成了一系列的防御联盟，甚至连黑森－卡塞尔和神圣罗马帝国的皇帝也加入了联盟（1682年）。要知道，三十年战争之所以如此艰难且漫长，他们对彼此的敌意是主要原因之一。奥兰治的威廉三世没有忘记1672年法国袭击荷兰联省共和国的事，他尽全力扶持跨教派联盟的组成；1683年，西班牙、荷兰联省共和国、神圣罗马帝国皇帝和瑞典也结成了联盟。

1683年，路易十四在欧洲的声望又进一步折损，因为在抵抗奥斯曼帝国大进攻、保卫维也纳的战斗中少了法兰西军队的身影。那边鏖战正酣，路易十四却在阿尔萨斯巡视他的军队，在于1680年吞并的萨尔布吕肯视察城防建设的工程。1683 年秋季，法兰西军队席卷弗兰德，再次夺取了克特雷特，1684 年拿下了卢森堡和特里尔；为了“惩罚”热那亚向西班牙输送橹舰，法兰西海军猛烈轰炸了热那亚，还用上了烈性炸弹和燃烧弹。次年，热那亚总督被迫公开觐见路易十四，屈辱地为自己支持西班牙的政策道歉。与往日不同，国王将镜厅选作这场好戏的舞台。豪华的银质器皿和一张巨大的银质王座彰显着王权之强大。

然而，几年之后，路易就不得不命人将这些银质器具熔化铸成钱币了，因为 1683~1684 年的短暂战争并没有换来长期和平——一贯的侵略性政策使欧洲各国不再信任路易十四，而所谓的“和平”也不够稳定：1684 年法国与荷兰联省国的和平条约，期限只有短短二十年，而且在《雷根斯堡停战协定》中，神圣罗马帝国皇帝对法兰西再统一政策的认可同样也只有二十年的期限。

在这样的背景下，当又一场大战在 1688 年来临时，即使战争的起因只是极小的冲突，人们也并不感到意外。与神圣罗马帝国皇帝为敌的加尔文派普法尔茨伯爵[①]卡尔一世·路德维希（1617~1680年）想要将女儿丽莎洛特[②]嫁给路易十四的弟弟，试图以此获得法兰西对其选帝侯国的支持。1685年，普法尔茨伯爵的儿子去世了，选帝侯领地落到了普法尔茨－诺伊堡的一个公爵手中，此人同时也是神圣罗马帝国皇帝的岳父。而这场婚姻使路易有权要求继承普法尔茨的一部分遗产。关于遗产纠纷的调解失败了，于是法兰西军队便开进了普法尔茨。不仅如此，在科隆的主教选举中，路易十四所支持的候选人没能达到硬性要求，未能获得多数支持，他涎皮赖脸地要求神圣罗马帝国皇帝和教宗认可其主教身份，但也被拒绝了。于是，国王在1688年下令占领科隆选帝侯领地和菲利普斯堡，后者是一座要塞城市，在三十年战争之前就扮演过重要角色。

路易十四看到，许多欧洲国家和帝国王侯忽然之间站到了自己的对立面，而1688年爆发

① 又译“王室领地伯爵”或“行宫伯爵”。

② 指普法尔茨公主伊丽莎白·夏洛特（Elisabeth Charlotte，1652~1722），德语中常称她为“普法尔茨的丽莎洛特”（Liselotte von der Pfalz）。

图 8　1692 年的纳慕尔包围战：包围战最合路易十四的口味，它能够被预测，还可以为宫廷的排场和君王的威严提供展示的舞台

那场的战争直到 1697 年才宣告结束，其中的一个原因在于法国极具侵略性的对外政策已经臭名昭著，这帮助法国的对手们进一步跨越教派和政治立场的鸿沟，联合到一起。所以，1686 年“奥格斯堡联盟”的成立并非偶然。奥格斯堡是神圣罗马帝国内各教派和平相处的标志城市，而且随着时间的推移，这一联盟逐渐联结起了半个欧洲：勃兰登堡、萨克森、瑞典、神圣罗马帝国。其他的帝国王侯、荷兰联省和西

班牙（1683~1684 年的战争之后，西班牙不得不让出了卢森堡），以及新国王奥兰治的威廉统治下的英国和丹麦（两国都是 1689 年加入），甚至处于路易十四重压之下被迫支援法国军队的萨伏依（1690 年）也加入联盟中。

在形式上，这场战争（普法尔茨继承战争，也被称为“九年战争”或“奥格斯堡联盟战争”）的走向类似法荷战争。在攻入敌方区域之后，法兰西军队便慢慢退到防御完善的阵地，稳固战线；其后，军事行动的目标就主要是和平谈判。路易十四自己则将最多的注意力放在西属尼德兰的战争上。1691 年夺取蒙斯时，他就在现场，1692 年他又在四个星期的围城之后接受了纳慕尔的投降；1693 年，他最后一次亲临战场，来到了莫泽尔河畔的梅济耶尔。此时，路易已经失去了他早年作战时拿出宫廷做派、举办宴会的心情。路易再次占领了属于奥兰治亲王威廉的奥朗日。而在神圣罗马帝国境内，路易主要在 1688 年和 1689 年使用了“焦土策略”；莱茵河两岸（如今德国巴登福腾堡州所在的区域）和普法尔茨在法兰西军队肆虐过后，都成了废城荒土。1689 年和 1693 年摧毁海德堡宫殿的行动，后来出现在宣传国王形象的纪念币上，在神圣罗马帝国成了法国标志性的劣迹——也因为他们在海德堡城内进行了大屠杀。1695 年，法国军队对布鲁塞尔的狂轰滥炸几乎摧毁了整个中心城区，使其必须重建。

在拉乌格海战中失利之后，法国的大西洋舰队虽然在实力上进一步增强，但海上作战的事还是交给了更有成效的海盗们，比如来自敦刻尔克的让·巴尔（1650~1702 年）。法国的军事行动在地理上开辟了新的维度：横渡地中海，跨越萨伏依和西班牙，法国把仗打到了南美、加勒比和印度洋。法国与英国之间的战争牵扯到了纽约和哈得孙湾，尤其对圣劳伦斯河与波士顿之间的地区产生了深刻的影响。

正如遗产战争和法荷战争中就已经表明的那样，这场战争也是如此：在军事上，即使是一支欧洲大联盟，也无法在大陆上击败法国。联盟的回击败给了“焦土策略”，败给了沃邦[①]固若金

① 塞巴斯蒂安·勒普雷斯特雷·德·沃邦（Sébastien Le Prestre de Vauban，1633~1707），法国著名的军事工程师。

汤的要塞堡垒和法兰西军队。1692年、1693年之交，冬季极端寒冷的天气在1693~1694年引起了饥荒，约1300万人丧命，但即便如此，也没能真正削弱法国的政治或军事实力。饥荒使法国的海盗战看上去像是获取粮草的措施，而不是加剧饥荒的贸易屏障，国王“体恤民情”的仁心和穆斯林海盗也因此名震一时，甚至印上了1694年和1695年的纪念币。为了获得资金支持战争，路易十四不仅下令熔化了自己的银器，还提高了税收，并且恢复了大规模的职位买卖，回到柯尔贝尔之前的时期，重新开始借贷。此时已登上元帅之位的沃邦看到“金主们”在暗中获得的胜利而受到启发，设计了一个公正且对臣民们而言负担平均的税收体系。鉴于惨淡的国库状况，沃邦的项目引起了激烈的争论。从1707年起，相关文章开始以印刷品的形式流传开来，路易则对这些印刷品下达了禁令，还命人将之焚毁。

与法国与荷兰联省共和国之间的战争一样，普法尔茨继承战争也重塑了一个法国敌对国的内部秩序。英格兰的查理二世所采取的政策虽然模棱两可又不能一以贯之，但由于他与法国走得相对较近，也就与一个强大的对手结下了仇怨。查理的弟弟兼继任者詹姆斯二世也在1650年代流亡法国,1660年代改入天主教派。作为国王，詹姆斯二世对天主教采取了容忍的政策，而法国的路易十四对在英格兰相当强势的加尔文教派先是迫害，而后于1685年禁止。外交政策和信仰冲突纠缠在一起，詹姆斯二世的对手便抓住机会，请他的女婿奥兰治的威廉前往英格兰。威廉要做的是让自己那个信仰英国国教的妻子玛丽，在詹姆斯二世的两个子女之中替代詹姆斯1688年出生的天主教儿子，成为继承人。奥兰治的威廉带兵前来，詹姆斯二世无力抵挡——就这样，在路易十四弄巧成拙的帮助下，这位荷兰的加尔文派“亲密敌人”完成了“光荣革命”。1689年，在新王奥兰治亲王威廉的领导下，英格兰加入了奥格斯堡联盟。1690年，路易十四协助詹姆斯二世发起军事行动，试图夺回王位，虽然以天主教派为主的爱尔兰也假以援手，但詹姆斯二世的军队还是败给了威廉手下的队伍。在接下去的几年里，威廉时而在英格兰、时而在欧洲大陆上与法国交战、圣日耳曼昂莱宫也因此又迎来了王室成员的下榻。

在1697年签订的《赖斯韦克和约》（赖斯韦克位于海牙附近）中，路易十四承认奥兰治的威廉是英国国王，虽说此时詹姆斯二世——这位信仰天主教的路易十四的姑表兄，重新在法国过上了流亡生活，但路易再一次归还了王侯领地奥朗日。对于将国界扩展到莱茵河畔的雄心，路易做出了妥协。自1670年开始被占领的洛林和卢森堡，法国归还了一部分，但特意保留了斯特拉斯堡，并且继续建设沃邦的“铁腰带”（ceinture de fer）。荷兰联省共和国得到了较为便利的谈判条件，在疲乏委顿的西属尼德兰保住了自己的要塞堡垒。西班牙认可法国在伊斯帕尼奥拉岛以西（大约位于今天的海地）的统治权，而法国则继续在那片沃土上经营着利润丰厚的奴隶买卖和蔗糖生意，系统地执行着殖民政策。

殖民的规模通过西班牙王位继承战争而进一步扩大。如果说，按照近代早期的理解，遗产战争、法荷战争、再统一战争和普法尔茨继承战争在法律上存疑、在道义上不妥、在程度上过甚的话，那么，西班牙王位继承战争在法律上完全站得住脚，而且它也是不可避免的一仗。西班牙国王卡洛斯二世（1661~1700 年）身体孱弱，没有留下子嗣也在意料之中。路易十四和利奥波德一世皇帝都有权继承其遗产：两人都是西班牙国王腓力三世（1578~1621 年）的外孙。而且，路易与利奥波德两人都娶了腓力四世的女儿为妻。路易的母亲比利奥波德的母亲年长，路易的妻子又比利奥波德的妻子年长，但路易的妻子已经放弃继承遗产。然而，西班牙方面没能按照《比利牛斯和约》中的约定，支付高昂的结婚礼金，因此，路易十四可以将妻子放弃遗产的做法视为无效。

诚然，即使在继承权清晰的情况下，西班牙王室遗产之巨，恐怕也会引起牵涉整个欧洲的大问题。遗产若是落入奥地利的哈布斯堡家族手中，哈布斯堡王朝的疆土就会在地理上包围法国，带给法国无法承受的压力；相反，西班牙及其殖民地若是落入法国手中，便会诞生一个辐射全球的超级霸权。对于那些依靠航海贸易的国家，对于荷兰联省共和国和英格兰，这是无法接受的。人们在 1668 年就已经尝试过寻求一个各方都能承受的折中方案，1700 年又再次尝试，但始终无法满足所有有能力发动战争的利益方。在这样的背景下，即使卡洛斯二世在死前将路易十四的孙子作为自己的继承人，也无法阻止战争的爆发。路易接受了这份遗嘱。但他没有履行遗嘱中所提出的条件：这位孙辈和未来的西班牙国王必须放弃继承法兰西的王位。这样一来，两国就可能由同一位国王统治。于是，两个阵营都宣布了自己的西班牙国王候选人，路易十四力推自己的孙子成为腓力五世，利奥波德一世则想将次子变成卡洛斯三世。两人先后来到西班牙（1701 年和 1705 年），并利用西班牙的内部矛盾挑起战争。

路易十四之前的一连串战争使神圣罗马皇帝能够轻易地找到盟友：神圣罗马帝国的各大区域、帝国下属的王侯们、帝国这个大整体，尤其是荷兰联省共和国和英格兰，全部竞相加入联盟。然而，这场战争也再一次显示出法兰西军事和政治体系的强大。战事在多个地点同时展开，在意大利、神圣罗马帝国、荷兰、西班牙（葡萄牙站在英国人一边）、匈牙利（路易十四支持了当地的一场动乱）以及美洲的多个地区都开辟了战场。大约有 45 万名法国陆军和海军士兵参战。法国在意大利吃了几场败仗，尤其是在盟邦巴伐利亚展开的赫希施泰特战役（1704 年）中受到了毁灭性的打击，这些失利导致了严重的后果。随着战事的推进，敌军在欧根亲王（1663~1736 年）和马尔博罗公爵（1650~1722 年）[①] 的指挥下，得以从南面进入法国的疆界，并且也攻入了弗兰德。到了 1709 年那个极端寒冷且漫长的冬天，凡尔赛宫里斟出的葡萄酒都冻在了玻璃杯中，大饥荒导致逾 50 万人死亡，但即使这样，也没能真正动摇这个王朝的根基。1712 年 6 月，路易十四公开呼吁人民坚持下去，同时也解释了自己的政策。起义接连被镇压下去。战争靠各类税收维持着，政府尝试发行纸币、控制钱币、加强售卖官职

① 指第一代马尔博罗公爵约翰·丘吉尔，英国军事家、政治家。该头衔又译“马尔伯勒公爵”。

以及那些有名无实的头衔，以筹资投入战争：顶着光鲜的头衔，与高等贵族交好的“金主们”重新掌握了国家财政。

年轻的约瑟夫一世皇帝（1678~1711 年）遽然薨逝，使这场战争匆匆结束。同年，他的弟弟卡尔三世[①]登上皇位，成了卡尔六世皇帝。早在开战之前，英国就积极奔走，希望哈布斯堡家族和波旁家族能分别获得一部分的西班牙遗产。英国的参战绝不是要造就一个新的、盘踞奥地利和西班牙的哈布斯堡大帝国，而是要利用和平——1713 年的《乌特勒支和约》、1714 年的《拉什塔特和约》及《巴登和约》，在欧洲贯彻其权力制衡（balance of power）的理念。因此，两个王朝都放弃了与西班牙在政治上的一致：腓力五世虽然保留了西班牙及其殖民地，但法兰西和西班牙的波旁家族分别放弃了在对方国家的王位继承权。除西西里之外，卡尔六世得到了西班牙在荷兰和意大利的属地，并且向欧洲东南部进发，将自 1683 年

① 指奥地利大公卡尔三世（1685~1740），成为神圣罗马帝国皇帝后称“卡尔六世”。

开始的急剧扩张继续了下去。路易十四想要让波旁家族取代哈布斯堡家族在欧洲的优势地位，但随着《乌特勒支和约》的签订，他的大计也就失败了。然而，他最终还是彻彻底底地战胜了哈布斯堡王朝统治下的西班牙。打完西班牙王位继承战争，英国和荷兰联省共和国成了更强大的全球贸易及殖民势力。英国垄断了西班牙殖民地的奴隶贸易［取得了名为“阿西恩托”（Asiento）的奴隶专营权］，获得了直布罗陀和梅诺卡岛这两个地中海上的军事要地，还取得了法国在北非的大片领土。战争再一次改变了其他欧洲国家的内部结构：在神圣罗马帝国皇帝的认可下，勃兰登堡选帝侯于1701年登基成为普鲁士国王。路易十四大力支持詹姆斯二世及其子詹姆斯（1688~1766年），在这一背景下，被英国剥夺王位继承权的就不只有斯图亚特王朝的天主教派成员了。为了使这部《嗣位法》（Act of Settlement）在苏格兰也能够生效，英国议会又拿出了《联合条约》（Treaty of Union，1706年），建立共同的议会和政府，以达成英格兰和苏格兰的政治统一——法国国王就这么心不甘情不愿地成了大英帝国的助产士。

暂不论英国的成功，在路易十四的统治下，日后的法兰西殖民帝国已初具雏形。政府先是资助贸易公司建立贸易据点。如果成功地跨出第一步，那么，国家机构便会辅助其展开扩张：通过总督、法院、管理人员，或是拥有特权的贸易公司，也有一些被放弃了的贸易公司，比如1674年马达加斯加分公司。印度洋上的贸易据点发展缓慢，比如留尼汪岛（时称“波旁岛”）和1715年起开设在毛里求斯岛上的分公司。位于孟加拉湾的朋迪榭里[①]则相反，虽然在九年战争中被荷兰人占领，但也迅速发展到了几万居民的规模。在1682年的一场小型远征中，法国占据了密西西比地区，连接了墨西哥湾、以国王名字命名的“路易斯安那”以及自亨利四世时期以来在北美北部开拓的大片法兰西殖民地。在加勒比地区，依靠奴隶劳作的甘蔗种植园比法国定居者们最初种植的烟草利润更高。然而，使用奴隶有违国法，并且需要特

① 又译“本地治里”。

别条款的批准，这就带来了路易十四在1685年颁布的《黑法》(Code noir)。这部法律规定奴隶拥有一定的最低权利，但允许奴隶主剥夺奴隶的人身自由，允许对其采取最严厉的体罚。1676年被荷兰人重新夺回的法国殖民地卡宴（法属圭亚那）也进口了奴隶。为了能从非洲奴隶买卖中牟利，法国的航海商人于1659年在塞内加尔建起一座城市，命名为"圣路易"。1673年，路易十四下令设立塞内加尔公司（Compagnie du Sénégal）接替西印度贸易公司；紧接着，法兰西海军于1677年征服了位于达喀尔城前的戈雷岛，葡萄牙人、荷兰人和英国人都曾将这座小岛作为西非奴隶贸易的枢纽。

在地中海，时局还停留在与奥斯曼帝国签订的那几个和约的阶段，这些和约规定法国领事和商人有权占据强势地位。在非洲西北部则截然相反，法国与那里的几个国家冲突不断，1680年代初期还曾与突尼斯和阿尔及尔短暂交战。

2 “扼杀异端邪说”及国王与教宗的争端

路易十四所要求的统治权，也涉及与政治舆论休戚相关的领域，尤其是那些具有固定组织形式的地方，比如学院和教会。在那里，贯彻国王对权力的要求会导致人心动摇，长此以往，甚至会破坏王朝统治的稳定局面。

在《奈梅亨和约》签订后，巴黎市向国王颁发了荣誉头衔“伟大的路易”，这一头衔虽然没有流行起来，却常常出现在纪念碑和纪念币上。1687 年，法国作家夏尔·佩罗（1628~1703 年）甚至在法兰西学术院表达了这样的观点：在路易十四的统治下，法国所取得的权力和艺术成就可与奥古斯都大帝时代相媲美。这一类比引起了一系列的争论。“古今之争”（Querelle des Anciens et des Modernes）[①] 一开始关注的是古典时期和当时法兰西文学之间的关系，最后结于“进步”问题：有朝一日，“进步”将会把“现在”连同其秩序、价值和宗教一起，抛在身

① 17 世纪末法国文坛就“古人今人孰高孰低”展开辩论，称“古今之争”。由此形成了“古人派”与“今人派”两个阵营。布瓦洛、拉辛、拉封丹等认为今人不如古人，佩罗、丰特奈尔等则认为今人更胜一筹。

后。1687 年备受赞誉的《伟大路易的时代》[①]或许是经典，但在“今人派”看来，它却无法阻止进步。由于“古人派”在凡尔赛宫中根基稳固，自 1690 年代起，在巴黎的一些文艺沙龙和不少的贵族府邸都形成了“今人派”的圈子。鉴于文化与宗教的历史性在“古今之争”中占据越发显要的位置，作为回应，这些“今人派”展开谨慎讨论（谨慎是由于巴士底狱），描画出自然神论的、唯物主义的和无神论的世界蓝图。而支持“今人”的巴黎则成了法兰西启蒙的孵化器。

自 1598 年的《南特敕令》[②]颁布以来，法国的加尔文派组织受到了认可，但在 1629 年的《阿莱斯恩典敕令》中失去了军事特权。这样一来，站在王权对立面的贵族的政治利益也随之消失。在那之后，许多加尔文派的贵族便改

---

① 夏尔·佩罗曾于 1687 年 1 月 27 日在法国学术院朗诵诗作《伟大路易的时代》（*Le siècle de Louis le Grand*），歌颂法国在路易十四时代取得的进步。

② 1598 年法国国王亨利四世颁布《南特敕令》，承认法国胡格诺派教徒享有信仰自由，法律上与其他公民拥有同等权利。基督教、新教、加尔文教派的教徒在法国称为“胡格诺派”。

入了天主教派。在投石党运动中，事实已经表明加尔文派不再对王朝秩序构成任何政治威胁：加尔文派组织并没有加入贵族和高等法院的行列，发动叛乱。国王认识到了这一点，却毫无感激之情。

国王决定削减半自治团体的权利，这一政策对加尔文派的损害远大于对高等法院、宫廷、各级人员和城市的影响。这是因为在政府眼中，加尔文派（新教）教会并没有履行任何维护国家的职能。更何况对许多人来说，教会统一本身就有价值；就连受加尔文派迫害的天主教信仰支持者，如物理学家和哲学家布莱士·帕斯卡（1623~1662年），也倾向于内部对立，而非教会分裂。反观法兰西国教中那些亲近国王的人，他们则过分抬高了国王扮演的角色。博须埃[①]主教在宫廷中影响甚广，他命人宣告，违抗王命即是违抗神旨（désobéir au roi，c'est désobéir à Dieu）。在国王看来，肃清加尔文派

① 雅克·贝尼涅·博须埃（Jacques-Bénigne Bossuet，1627~1704），出生于法国第戎的主教、神学家，路易十四的宫廷布道师，擅长演说。

显然在政治上和宗教上都大有意义。在迫害加尔文派的第一阶段，只要是《南特敕令》没有明文允许的，就禁止加尔文派信徒去做。如潮水般涌来的一波法令影响着人们的宗教生活；第一批教堂被拆毁，举行布道、唱赞美诗和葬礼都变得十分困难。而那些改信天主教的加尔文派则能获得金子作为奖赏。

在《奈梅亨和约》之后，路易大幅加剧了对加尔文派的迫害。这与信仰差异的政治化有关。路易试图对查理二世施加影响以增加天主教徒在英国的权利，但他的这种努力多年来一直都是徒劳的。由于查理二世的弟弟信仰天主教，英国议会自1679年起便想要将其排除出王位继承人之列，而这也是查理二世国王废除一个又一个议会的原因。因此，路易的努力也是导致英国议会与国王之间长期矛盾的原因。领头反对路易的人是奥兰治的威廉，他能够调动起信仰上的团结，反抗越来越狭隘的法兰西国王。说到底，一些加尔文派的贵族在法荷战争期间就准备发动叛乱。叛乱所涉及的地区和追求的首要政治

图9　1961年刊于《撕裂的政治》上的讽刺漫画，国王路易十四化身成穿着僧侣黑袍的烧杀者，头顶是土耳其新月，以异教太阳神形象示人

目标，都令人想起贵族的投石党运动。与之相应，引起的反响也极为剧烈，就连路易·德·罗昂（1635~1674年）这样的高等贵族也被处以死刑。

第二波反加尔文法令包括禁止从事教育行业、取缔教育机构以及禁止改信加尔文教。然而，直到采取军事行动之后，大批的加尔文派教徒才正式改信天主教，因为只有改信才能避免士兵在自己家中屯扎。尤其擅长马上作战的龙骑兵们肆无忌惮地欺凌屯扎地的房主，劫掠、殴打、强奸、杀人的暴行令人发指，以至于那些加尔文派的房主们纷纷改入天主教派，只为了摆脱恐惧。紧接着，这些龙骑兵又会在另一个地方展开下一场洗劫。荒弃的教堂被封锁起来，也有许多遭到摧毁；大量加尔文派信徒逃亡异乡。

1685 年秋季，法国政府无视事实，确定法国几乎没有加尔文派信徒存在了，《南特敕令》中的规定也随之失效。路易十四以此为由，在《枫丹白露敕令》中废除了《南特敕令》。《枫丹白露敕令》禁止个人及团体信仰和践行加尔文主义，下令摧毁他们的教堂，迫使神职人员在改变信仰或流亡外国之间做出选择，而那些没有改信天主教的加尔文派教徒则面临流亡的严厉惩罚（男性将沦为橹舰上的苦役）。一场持续数年的逃亡运动就此展开；据估计至多有 80 万人改变信仰，20 万人逃亡异乡。这些难民最主要的目的地是英国、荷兰联省共和国和加尔文派帝国王侯的领土。尤其在滨海地区和法国西南部，许多人在私下仍保持着新教信仰。在那些地区，宗教迫害在18世纪的第一个十年中持续不断，导致了一场经年持久的叛乱行动（称“塞文战争”[①]），其激烈程度几乎与战争无异。

暂不论宗教迫害之冷酷，《枫丹白露敕令》在法国得到了广泛的支持。在宗教改革之后，17世纪的中欧爆发了无数次宗教战争和内战，鉴于此，宗教自治一直受到宽容。但宽容的程度是不同的：英国对天主教的容忍度较小，神圣罗马帝国对加尔文派、天主教派和路德教派的容忍度都比较高，荷兰联省共和国的容忍度则非常高，甚至像门诺会那样的浸礼会也能够践行自己的信仰。

教宗英诺森十一世对《枫丹白露敕令》的反应相当冷淡。究其原因，不仅是1683年抵抗土耳其人对维也纳的包围战时法国援军没有出现，也不仅是教宗在神学上对强制改变信仰持保留态度，更重要的原因在于，路易十四也打

① 在法国南部塞文山区的胡格诺派发动叛乱，这些被称为“卡米撒派”的人多采取游击战来对抗天主教派的进攻。

击了天主教教会中的自治行动。早在1662年，对教宗权威的攻击就已经开始了。在罗马的法国大使卫队和教宗亚历山大七世的科西嘉卫队发生了冲突，这场冲突虽然血腥，倒也不是什么稀罕事，但路易十四国王对此的反应却相当激烈。他命人占领了属于教宗的阿维尼翁，并撤回了法国驻罗马的大使。他对教宗不断施压，致使教宗于1664年宣布解散科西嘉卫队，并在罗马树立一座耻辱金字塔，以纪念此事件。教宗还派出一队钦差使臣，替教宗公开会见路易十四，并向他道歉。

1673年，路易十四发动了所谓的“国王特权之争”，他提出多项要求，其中之一是要求多个不属于他的主教辖区将收入上交给王国。为了稳固自己的地位，他召集法兰西神职人员组织了一场特殊的集会。神职人员们在会议上通过了1682年的“高卢四条款”，宣告法兰西国王和高卢派教会在事实上独立于教宗的地位。教宗只在宗教上具有权威，且他的权威屈于宗教会议（教会评议会）的权威之下。而在罗马，教宗英诺森十一世命人烧毁了“四条款”，并拒绝在将来任命主教时提供帮助。短短几年之后，数十个管区的主教席位都成了空缺。

此后又发生了大大小小的事件，致使国王与教宗之间的冲突不断升级。到了1689年，国王扬言要发动战争，而教宗则以开除教籍相威胁。直到1693年，面对持续了九年的普法尔茨继承战争所带来的压力，又逢新任教宗登基，路易十四才终于同意双方各让一步：亚历山大八世接受国王的条件，允许他扩大对未占领教区的财政权力，而国王则放弃“四条款”，并且在任命主教时，双方也将重新合作。

在路易十四与教宗发生冲突时，虽然法国国家教会的大多数人支持路易，但教会仍损失惨重。路易想要禁止一种天主教的信仰方向，即詹森主义。往常路易总是顽固地在教宗面前维护“高卢教会的自由”，并由此维护他自己对法国天主教教会的统治，但为了这件事，他竟然向教宗寻求帮助了。教宗下达的禁令恰恰在高卢派教会中遭到了激烈反对，因为这条禁令意味着教宗的地位高于法兰西教会。在这里，宗教政治和教会政治的冲突交织在了一起。

詹森主义是一场宗教运动，它以主教康内留斯·詹森（1585~1638 年）的神学著作为基础。詹森主义重视严格的道德规范、虔诚、善行和学校教育，鼓励使用法语而非拉丁语。黎塞留当年提出对外政策时，因该政策反西班牙、反神圣罗马皇帝而被许多法国天主教信徒认为是反天主教的，而詹森就在他的著作《高卢战神》（*Mars Gallicus*）中激烈批判了黎塞留的政策。詹森的支持者因此受到了法国政府的监视和迫害。

对于法国的反对派来说，詹森主义从一开始就极具吸引力。无论在神学方面，还是在教士职位方面，它都与忠于国王却也忠于教宗的耶稣会截然不同，因此吸引了许多高卢派教会的神职人员。1640 年代，与国王交往密切的耶稣会虽然促使教宗斥责了詹森的理念，但在法国，詹森主义运动已经开始了。在主教、高官、精英、高等法院成员和（同情投石党的）贵族之中，越来越多詹森主义的拥护者出现了。巴黎的波尔罗亚尔女子修道院就是詹森主义在法国的中心。

与黎塞留和马扎然一样，路易十四剔除詹森主义的尝试失败了。他做到的只是在1657年的一场“国王行法会”上，在法律上承认了教宗对詹森主义五条核心论点的判决。自1660年代初，他就要求签署法令认可教宗的判决，但大量神职人员都表示拒绝，其中也包括许多波尔罗亚尔修道院的修女。后来，这些修女因此被送到了修道院的分院波尔罗亚尔郊野修道院中。这座修道院距离凡尔赛宫只有约十公里，对那些在宫中供职却仍支持詹森主义的人来说，这里理所当然地成了他们的据点——其中包括作家让·拉辛，也有国王的御用历史学家和朗诵家。在《奈梅亨和约》之后，路易十四再次尝试消灭詹森派，1679年，他下令禁止波尔罗亚尔郊野修道院接纳新人。1705年，他撤去了领导修道院的神职人员，取缔了修道院的各项收入。1709年，他派士兵清理了这座修道院，并于1713年摧毁了修道院的建筑。

然而，与此同时，詹森主义却在蓬勃地发展着。低等教士们支持詹森主义思潮，认为宗教评议会、教会代表会议和教会团契应当在教会内部扮演强有力的角色，此即里切尔主义[①]。在风平浪静了几年之后，这场争端在18世纪的第一个十年里进一步激化升级。在这一过程中，1695年上任的巴黎大主教路易－安托万·德·诺阿耶（1651~1729年）被困在了所有派系阵营之间，也面临国王的责难。他不是詹森主义者，但也反对与国王极为亲近的耶稣会，更何况还有一部流传极广的詹森主义著作是由他批准出版的——一本由帕斯奎·蒯司内尔（1634~1719年）翻译并评注的《新约圣经》，该书以《道德沉思》（*Réflexions morales*）之名为人熟知。路易十四的告解神父是耶稣会成员，在耶稣会的敦促下，路易十四两次出面，从教宗克莱芒十一世那里得到了对这本译著的判决。高卢派教会的代表则以诺阿耶为首，以损害自由为由，两次驳回了教宗的判决。1713年，在这样的高压之下，国王从教宗那里取得了题为《唯一圣子》（Unigenitus）的诏书，诺阿耶对这封诏书

① 埃德蒙·里切尔（Edmond Richer，1559~1631），法国神学家，“里切尔主义”基于其神学理论，主张教宗权力受制于主教和国家政府的权力。

提出了尤其激烈的反对。在1714年由国王召集的神职人员会议上，这封诏书虽然得到了多数人的支持，但巴黎大主教诺阿耶还是禁止下属神父们接受它。随后，教宗便又威胁要革去诺阿耶枢密主教的头衔。路易十四在事实上支持了教宗，却没有在形式上表现出来。他想要诺阿耶屈服于自己的意志，又不愿教宗干预高卢派教会的自治。于是，他召集此时已经闹得不可开交的神职人员们，举行了一场类似全国宗教评议会的大会——展开了一场自上而下的国家教会权力改革。虽说这场会议最后也没能办成，但在路易与詹森主义抗争了六十多年之后，还是给法国教会留下了创伤。直到1787年路易十六为加尔文派颁布新的宽容敕令之时，教会还没有恢复过来。

王朝之所以受到长期的损害，路易十四一名孙子的老师也是原因之一。此人就是弗朗索瓦·费奈隆（1651~1715年）——这位康布雷大主教与寂静主义[①]教徒走得很近，而寂静主义

① 主要流行于16、17世纪法国的一种灵修神学，追求“被动”的寂静和放弃个人的“主动”，源于天主教，但被认定为异端。

也是遭到国王打击的宗教流派，他亦受到牵连。费奈隆的《忒勒马科斯历险记》是18、19世纪最广为人知的长篇小说之一——毫无疑问也一部讽刺作品，讽刺了路易十四激进的霸权政治。

3 平息局势和最后的事宜

从1680年代开始，经历了“投毒事件”的路易十四结束了人生中的“风流岁月”，哲学和宗教在宫廷中扮演的特殊角色变得越发明显。宫廷中放纵的爱欲生活几乎尽人皆知，然而在王后去世的1683年，这样的生活反而消失了。王后和国王完成了他们的义务：此时已经成年的王位继承人于1680年结婚，并在1682年有了一个儿子。1683年末，他的第二个儿子也出生了，王位的继承有了保障。在这样的背景下，路易十四于1683年与曼特农夫人成婚了。路易看重她的思想和平息复杂局面的才能，因此秘密地与她“贵庶通婚”。她很有作为；对那些合法的和合法化了的王室后代来说，她也不会让他们本就复杂的人际关系变得更加复杂。曼特农夫人在宫中得到了一间宽敞

图 10　弗朗索瓦丝·德·奥比涅，即曼特农侯爵夫人，路易与蒙特斯潘夫人的孩子由她教导，在 1683 年第一任妻子去世之后，国王与这位聪颖的谈话伴侣“贵庶通婚”；皮埃尔·米涅尔 1694 年所作油画的局部图

的套间，保留着自己寡妇的身份。显而易见，这个女人与国王生活在一起，但他们的相处礼貌而又正派，且彼此信任，但她究竟在宫廷中扮演着怎样非同一般的角色，外界只能臆测。宫廷规制也完全按照国王妻子的标准调整：虽然，她在国家典礼上并不以王后的身份出现，但在王室家族面前，她能够如同王后一般坐在扶手椅上。

对当时的人来说，曼特农夫人的政治影响力也令人看不透。有些人认为她的影响力大得能呼风唤雨，以致18世纪的造假者们甚至仿照她的笔记伪造政治信件，而且还找到了买家。实际上，路易十四在单独与各部部长及其他主管们工作时，他的第二任妻子一般都在场，她虽然一言不发，却始终细心地观察着。因此，在许多重大事件发生前，人们都会去拜访她。她显然对于教会职位的任命具有影响力。这个女人虽然没有自己的孩子，但在国王的支持下，她于1680年代建立了一所教育机构，专门培养贫穷贵族家的女儿们，这就是位于圣西尔的圣路易王家学校（Maison Royale de Saint-Louis）。250位“圣西尔小姐”每人都会得到大约12年的照料，并按照当时的标准得到先进的宗教和艺术教育。学校的建筑本身也将修道院与宫殿结合了起来，有了这座学校，曼特农夫人就和当时不少王后一样，拥有了一个属于自己的王国。

对路易十四而言，圣西尔的王家学校是能与凡尔赛宫相提并论的王宫之一。凡尔赛宫承担着展示国王形象和供政府办公的重任。镜厅的修建挡住了国王望向大片户外绿地的视野。

居住在凡尔赛宫内的路易，只能看见靠近城市一侧的庭院，这与他最初设想的绿地中的城堡并不相符。因此，自1680年代开始，他便常常辗转于凡尔赛宫和附近的游乐行宫马尔利宫之间。国王的弟弟、弟媳以及王储都在那片王室宫殿中拥有自己的居室。直到人生的尽头，路易十四都十分重视家庭成员间的和睦关系。其他人，甚至是大部分内侍宫人，都只有在国王明确发出邀请的情况下，才能前往马尔利宫。这种排他性也减少了礼节上的讲究。秋天，国王还是会在枫丹白露宫度过几个星期。他时不时也会前往王储的行宫莫顿宫。而他前往卢瓦尔河畔和圣日耳曼昂莱宫的次数则是越来越少了。

提起路易十四光彩夺目的宫廷，人们想起的经典形象很少会是马尔利宫；针对宫廷的讨论也往往极其片面，主要集中于凡尔赛宫作为“权力工具”是否成功地发挥了作用，近来对此也有颇多争议，虽说路易实际上只想以此“训诫”贵族。可以肯定的是，凡尔赛宫对于雄心勃勃的贵族来说尤为重要。路易十四青睐那些经常往来于政府及宫廷的家族，比起人们对“专制主义国王”的陈旧设想，他对名门望族的利益考虑得更多。头衔对贵族而言也有着重大意义，因为其等级会影响后辈的人生机遇。对头衔的追求在宫廷中受到认可，想要保全头衔必须在宫廷中站稳脚跟，而丢掉头衔的事也往往发生在宫廷里。那些合法的和受到合法认证的王子们、拥有自治领土的贵族们（外国亲王）、历史悠久的公爵家族、来自新兴贵族家庭的位高权重的部长和国务秘书，单是要这些人和平相处就需要管理和调控。国王有足够的机会用非正式的方式来展示自己的恩宠，比如在礼仪规程方面，按亲属关系和社会头衔分级参与“国王晨起”，又或是邀请共同狩猎，或前往马尔利宫，而这样一来，国王也受到诸多在场贵族的注目。贵族往来宫廷之所以重要，其中一个原因就是宫中的居所备受追捧。许多宫廷职员每年只能在宫中服侍一到两个季度，他们只在这段时间内享有宫中的公务住房，因此宫殿里的人总是不停更替。

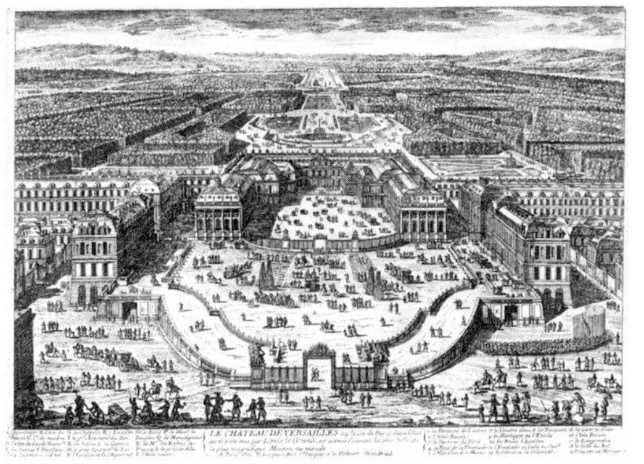

图 11　1688 年的凡尔赛宫，“作为世界上最美丽宏伟的建筑而受到人们的赞叹欣赏”，蚀刻版画，尼古拉斯·朗格洛瓦作于 1688 年

在路易十四的一生中，他总是根据固定的规律来生活，往返于凡尔赛宫和马尔利宫、枫丹白露宫及其他地点。在生命的最后十年中，他通常是这样度过一天的：七点半到八点半之间“起床”（法语“lever”），当值的内侍揭开床上的天盖，并在国王指定的时间唤醒他（陛下，时间到了！）。随后，国王会接受健康检查。直到国王去世的 1688 年，他都会在每天早晨去见乳母。晨祷之后，国王会为这一天挑选四顶假发，穿上室内衣袍，然后坐在一把扶手椅上。这时，除了本就允许出席的王室家庭成员之外，其他拥有“最先入殿权”的人便会踏入寝殿。

在这些人的面前，每隔一天会有一名理发师为国王剃须理发。洗漱过后，国王会戴上一顶较小的假发。国王用早餐时，仍穿着室内衣袍，早餐一般是一份浓汤配上些面包、葡萄酒和清水。此刻围绕在国王身边的人已大约有四十名，国王在他们的簇拥下换上日间服装，而与此同时，更多的宫人、神职人员、外交官和总督等也陆续“入殿”。对国王而言，这种时间上相当漫长的晨间集会是十分重要的。有时他戴上第二顶假发、做完第二次祷告并戴上帽子之后，就开始接受觐见。

在凡尔赛宫，路易十四起床后会带着侍从们穿过一扇门直接来到镜厅。他们从镜厅前往战争厅，再通过大殿进入宫殿礼拜堂，在那里聆听弥撒。在返回途中，宫人和访客们聚集在沿途的各个殿室内。国王穿过镜厅返回自己的殿阁，从十一点开始听政。王后尚在世时，国王都是先听政，而后聆听弥撒。十三点，国王享用丰盛的午膳，国王的弟弟也经常一同用膳。路易在吃这一餐时，也会饮用经清水稀释的葡萄酒——从 1690 年代开始，路易饮用的不再是产自香槟地区的葡萄酒，而是医生建议的勃艮第佳酿。大多数固体的餐食，国王都是用手来吃，并不使用叉子。下午的时光，他都是在室外度过的，大多会悠闲地散步、骑行到稍远的地方，或是郊游和狩猎。返回宫殿后，路易会和秘书及当值的内侍一同工作一段时间，秘书会为国王代笔处理他的个人信件（法语中称“secrétaire de la plume”，代笔秘书）。之后，他会来到曼特农夫人的住处（白天时她大多在圣西尔），与某个部长大臣或是部门主管开一场工作会议；会议大约在二十二点结束。国王向妻子告别，在诸多宫臣的面前用晚膳；随后，这些人将陪同他返回殿阁。在他的殿阁内，国王还会与王弟、孩子、孙子及其伴侣们交谈约一个小时；他们也经常一同游戏。接近午夜时，国王会分两个阶段“入寝”，两个阶段都同样有着严格的规定，先是更衣夜祷，然后将通行口令交给夜间守卫，最后就寝。除非国王在他的妻子那里过夜，否则都会有一名内侍睡在国王的床前；如果在妻子那里过夜，国王会在第二天早晨返回自己的寝殿，以完成早晨的仪式。国王寝殿在1701年才迁到了宫殿中轴上的殿室内。

撇开几乎始终伴随国王的病痛不谈，直到他去世的前一年，国王的体质还是极其硬朗的。痛风只是让他走得慢些罢了。路易不仅战胜过麻疹（1663年），还两次从外科手术中恢复过来。1685年，在拔除几颗牙齿的时候，他上颚也有一部分被撕裂了，在鼻腔和口腔间留下了一条通道。1686年，国王又挺过了一场长达数个小时的外科手术，在没有麻醉的情况下，医生摘除了他的肛瘘。在手术前，国王的外科医生在许多患有同样疾病的人的身上练习了手术的过程——据说人数超过70名。

1680年代见证了国王的变化，他成了一个年迈的老人，而他的那批同龄人已纷纷离世。年龄的增长也在国王的形象上留下了痕迹。在《奈梅亨和约》的影响下，一名朝臣筹资修建了一座路易十四的纪念雕塑。1687年，这座塑像在巴黎的胜利广场上落成。塑像给国王带来了许多非议，说他让人们像崇拜偶像那样去崇拜他；其他一些人则认为，塑像基座上的奴隶象征着被战胜的欧洲王侯。后来，在这座备受争议的塑像侧边，国王又在巴黎的旺多姆广场上添置了一座更为人们所接受的经典骑士造型的塑像（1699 年）。他还在 1687 年允许巴黎城移走一座纪念雕塑，那座雕塑是为了庆贺他战胜投石党人而创作的；1689 年，安托万·科塞沃克斯（1640~1720 年）创作的塑像取而代之，他将国王刻画成罗马皇帝的模样，但其作品表现了多个主题：浮雕的部分颂

图 12　贴近真实且未加美化的路易十四蜡像，安托万·拜诺伊斯特，作于 1705 年前后

扬了国王的仁爱，但也表现了他对加尔文派实施的禁令。

在改换了多种不同的设计之后，路易十四下令让儒勒·阿杜安－芒萨尔（1646~1708 年）在凡尔赛宫建造最终的宫廷礼拜堂，但不再建造歌剧院。建造期间，诸如管风琴和大键琴演奏家弗朗索瓦·库普兰（1688~1733 年）这样的杰出音乐家仍在为国王工作。

随着年龄的增长，路易越发珍视孙子和孙媳的陪伴。王储长男的妻子尤其受到路易的喜爱，她就是萨伏依公主玛丽－阿德莱德（1685~1712 年）。她于 1697 年进入宫廷，为宫中的日常生活带来了令人欢喜的新鲜风气，以年迈国王为中心的宫廷因为她多了一抹亮色。对于那些私生子，尤其是那些得到合法身份的孩子，路易十四对他们的照料相当周到。他花费大量的金钱和精力向拥有王室血统的亲王和公主们施加压力，让他们与露易丝·德·拉·瓦里埃尔和蒙特斯潘夫人为他生下的孩子结婚。这些孩子由此进入了孔代和孔蒂家族，甚至进入了自国王弟弟而始的奥尔良家族。蒙特斯潘的一个女儿，也就是大名鼎鼎的普法尔茨公主丽莎洛特，她的丈夫因为接受了国王硬塞给他的这门婚事，娶了门不当户不对的丽莎洛特，被他的母亲当众扇了一巴掌。

在人生的最后几年里，死亡的威胁使国王的原则受到了严峻的考验。一生顺从的王储于 1711 年死于天花。路易克制而冷静地接受了这个噩耗，但在很长一段时间里总是难以自制地突然泪流满面。王储的长男及其妻子于 1712 年死于麻疹，他最小的儿子则在一场狩猎事故后重伤不治。1714 年，在路易十四的三名合法王孙之中，只有腓力还活着，而他作为西班牙国王已经在《乌特勒支和约》中放弃了法兰西王位的继承权。在两名曾孙也相继夭折之后，身份合法的后代只剩下一人，那就是 1710 年出生的曾孙路易十五。如果他也不幸身亡，西班牙的腓力五世就极有可能无视《乌特勒支和约》，拿出古老的法国王位继承法，要求得到法兰西的王座。在西班牙王位继承战争之后，这可能引发一场法兰西王位继承大战，或许也会导致内战，因为根据《乌特勒支和约》的规定，拥有王室血统的亲王们都可能要求继承王位，如奥尔良家族，其后还有孔代和孔蒂家族。在1715年，即使是波旁家族的旁支，拥有继承权的后代也很少。在这样的背景下，老国王于1714年改变了王位继承的规定：蒙特斯潘夫人与国王的私生子只要得到合法认可，那么他们和他们的后代也拥有王位继承权，其顺位排在波旁家族成员之后。

在路易十四去世前不久，他也像他父亲那样，限制了将来摄政王的权力，这位摄政王就是他的侄子奥尔良的腓力[①]。与奥地利的安妮一样，这位摄政王也借助高等法院的力量很快就破坏了老国王最后的旨意。另外一边，高等法院则开始重新夺回失去的权力，贵族也在摄政时期积极地参与执政；但投石党运动不会再重演了。财政制度在1715年遭到了毁坏，但强盛的国力还维持了较长一段时间的和平与繁荣。

① 指奥尔良公爵腓力二世（1674~1723年）。

从1715年5月开始，老国王的健康每况愈下。8月中旬，由于一次伤口感染，国王的生命很快走到了尽头。在执政的第七十二年和人生的第七十七年，按照他本人的旨意，路易十四在宫廷中、在人们的面前接受了常规的教会仪式，之后便离开了人世。这是最后一次展示王者姿态的时刻，也是告别的时刻，与众多朝臣告别，与曼特农夫人告别。在他离世前几天，他曾给下任国王一个忠告，他料定这个忠告会成为名言，也希望以此与后世和解：他常常被虚荣心驱使，轻率地打响战争——继任者不该在这方面效仿他，而应当尽量避免战争；战争会埋葬民众，而国王是为了民众而存在的。1715年9月1日早上八点一刻，路易十四年仅五岁的曾孙成为法国和纳瓦拉王国的国王路易十五。

对路易十四的评价，早在他去世前的数十年就引起了激烈的争论。对于与他同时代的人来说，他的离开显然意味着一个时代的结束。这种转变给人们带来的撼动有多大，从让－巴普蒂斯特·马西永（1663~1742年）的布道词中就可以深刻地感受到。马西永在不久后当上了主教，并成为法兰西学术院的成员。他认为该要调整一下对这位“伟大的路易”的评判，所以他开口便说：“唯有神是伟大的。”

大事年表

1589~1610 年	波旁王朝第一位国王亨利四世执政时期。
1598 年	《南特敕令》。
1610~1643 年	路易十三执政时期；黎塞留担任首相（1624~1642 年）。
1638 年 9 月 5 日	路易十四出生。
1640 年	路易十四的弟弟腓力出生。
1643 年	路易十四登基。
1643~1651 年	路易的母亲奥地利的安妮摄政。
1643~1661 年	马扎然担任首相，其间有短暂中断。
1648~1652 年	投石党运动：高等法院和贵族起义对抗王权。
1648 年	在巴黎高等法院组建“圣路易庭”；逮捕高等法院推事布卢赛尔。
1648 年 9 月 13 日	国王第一次出逃巴黎。

1648年10月24日 《威斯特伐利亚和约》：法国战胜德意志的神圣罗马帝国皇帝。

1649年1月5/6日 国王第二次出逃巴黎。

1650年 逮捕孔代亲王、孔蒂亲王和隆格维尔公爵。

1651年 路易十四成年。

1654年6月7日 在兰斯加冕。

1659年 《比利牛斯和约》：在对抗西班牙的战争中取胜。

1660年 路易十四迎娶西班牙国王长女玛丽·泰蕾兹。

1661年 马扎然去世；废除首相之位；王储诞生。

1661年~1680年代 在柯尔贝尔和卢福瓦决定性的影响下进行改革。

1662~1712年 分多个阶段扩建凡尔赛宫。

1664年 法国出兵圣哥达战役；法国远征军到达吉杰勒（北非）。

1666/1667年 在战争中支援盟友荷兰联省共和国。

1667/1668年 遗产战争；《亚琛和约》。

1669年 法国远征军作战争夺克里特岛。

1671年	蒯司内尔《道德沉思》首版问世。
1672~1678年	法荷战争;《奈梅亨和约》。
1673~1693年	与教宗的“国王特权之争”；1682年，高卢派教会的独立达到顶峰（“四条款”）。
1679~1697年	再统一冲突和再统一战争。
1679~1681年	投毒杀人事件发展到高潮。
1681年	吞并帝国自由城市斯特拉斯堡；购得阿尔布雷达（冈比亚）。
1682年	王廷长期入驻凡尔赛宫。
1683年	妻子玛丽·泰蕾兹去世；迎娶曼特农夫人。
1683~1699年	大土耳其战争；通过哈布斯堡家族夺回匈牙利；1699年的《卡洛维茨和约》。
1684年	轰炸热那亚。
1685年	《枫丹白露敕令》；废止《南特敕令》；迫害加尔文派达到顶峰。
1688~1697年	普法尔茨继承战争（或称九年战争、奥格斯堡联盟战争）;《赖斯韦克和约》。

1688/1689 年	英国发生“光荣革命”；奥兰治的威廉成为国王。
1699 年	费奈隆的《忒勒马科斯历险记》首版问世。
1701~1714 年	西班牙王位继承战争：1713 年《乌特勒支和约》，1714 年《拉什塔特和约》。
1702~1704 年	法国西南部起义达到顶峰，即“塞文战争”。
1713 年	《唯一圣子》诏书；詹森派的波尔罗亚尔郊野修道院被毁。
1715 年 9 月 1 日	路易十四在凡尔赛宫去世。
1793 年	圣但尼教堂内的王室墓葬被毁。
1830 年代	凡尔赛宫成为博物馆，“市民国王”路易－腓力为之揭幕（1837 年）；铭刻“献给法兰西的所有荣耀”（À toutes les gloires de la France）。

参考文献

一 德语文献

较新的概述类作品：

K. Malettke, *Ludwig XIV. von Frankreich. Leben, Politik und Leistung*, Zürich [2]2009.

L. Schilling, *Das Jahrhundert Ludwigs XIV. Frankreich im Grand Siècle 1598－1715*, Darmstadt 2010.

B.－R. Schwesig, *Ludwig XIV.*, Reinbek [7]2010.

U. Schultz, *Der Herrscher von Versailles. Ludwig XIV. und seine Zeit*, München 2006.

A. Tischer, *Ludwig XIV.*, Stuttgart 2015.

M. Wrede, *Ludwig XIV. Biographie des Sonnenkönigs*, Darmstadt 2015.

关于路易十四与欧洲：

C. Kampmann, *Arbiter und Friedensstiftung. Die*

Auseinandersetzung um den politischen Schiedsrichter im Europa der Frühen Neuzeit, Paderborn 2001.

W. Reinhard, *Geschichte der Staatsgewalt. Eine vergleichende Verfassungsgeschichte Europas von den Anfängen bis zur Gegenwart*, München [3]2003.

关于国王的形象展示及公众对其的接受：

P. Burke, *Die Inszenierung des Sonnenkönigs*, Berlin [3]2009.

H. Ziegler, *Der Sonnenkönig und seine Feinde. Die Bildpropaganda Ludwigs XIV. in der Kritik*, Petersberg 2010.

关于文学：

H. Stenzel, *Die französische «Klassik». Literarische Modernisierung und absolutistischer Staat*, Darmstadt 1995.

关于殖民历史：

B. Steiner, *Colberts Afrika. Eine Wissens-und Begegnungsgeschichte in Afrika im Zeitalter Ludwigs*

XIV.，München 2014.

关于“将宫廷作为权力工具”：

N. Elias，*Die höfische Gesellschaft. Untersuchungen zur Soziologie des Königtums und der höfischen Aristokratie*，Frankfurt a. M. 1983.

L. Horowski，*Die Belagerung des Thrones. Machtstrukturen und Karrieremechanismen am Hof von Frankreich 1661-1789*，Ostfildern 2012.

关于文化历史：

W. R. Newton，*Hinter den Fassaden von Versailles. Mätressen，Flöhe und Intrigen*，Berlin 2010.

二　其他语种的文献

传记：

P. Goubert，*Louis XIV et vingt millions de Français*，Paris 1966.

T. Sarmant，*Louis XIV. Homme et roi*，Paris 2012.

J.-C. Petitfils，*Louis XIV*，Paris 1995.

F. Bluche，*Louis XIV*，Paris 1986.

关于路易十四的身体状况：

S. Perez (Hg.), *Journal de santé de Louis XIV*, Grenoble ^{2}2004.

关于凡尔赛宫：

G. Sabatier, *Versailles ou la figure du roi*, Paris 1999.

F. Tiberghien, *Versailles. Le chantier de Louis XIV 1662-1715*, Paris 2002.

A. Maral, *La chapelle royale de Versailles sous Louis XIV. Cérémonial, liturgie et musique*, Wavre ^{2}2010.

关于执政方式：

O. Chaline, *Le règne de Louis XIV*, 2 Bde., Paris 2005.

J. Duindam, *Vienna and Versailles. 1550-1780*, Cambridge 2003.

R. Hatton, *Louis XIV and Absolutism*, London 1976.

R. Mandrou, *Louis XIV en son temps 1661-1715*, Paris 1973.

T. Sarmant / M. Stoll, *Régner et gouverner. Louis XIV et ses ministres*, Paris 2010.

A. Smedley-Weill, *Les intendants de Louis XIV*, Paris 1995.

关于军事：

H. Drévillon, *L'impôt du sang. Le métier des armes sous Louis XIV*, Paris 2006.

关于法、荷、英三国之间的关系：

C.-É. Levillain, *Vaincre Louis XIV. Angleterre, Hollande, France 1665-1688*, Paris 2010.

关于阴暗面：

A. Zysberg, *Les galériens. Vies et destins de 60,000 forçats sur les galères de France 1680 - 1748*, Paris [2]1991.

关于国王身边的人：

J.-C. Petitfils, *Madame de Montespan*, Paris 1988.

S. Bertière, *Mazarin. Le maître du jeu*, Paris 2007.

S. Bertière, *Condé. Le héros fourvoyé*, Paris 2011.

M. Da Vinha, *Les valets de chambre de Louis XIV*, Paris 2004.

关于国王为人及其接受：

M. Da Vinha / A. Maral / N. Milovanovic（Hg.），*Louis XIV l'image et le mythe*，Rennes/Versailles 2014.

J. Cornette，*Mémoires de Louis XIV ou le métier de roi*，Paris 2007.

关于法国的早期启蒙：

J. Israel，*A Revolution of the Mind: Radical Enlightenment and the Intellectual Origins of Modern Democracy*，Princeton 2010.

工具书：

F. Bluche（Hg.），*Dictionnaire du grand siècle*，Paris ²2005.

C. Lavantal，*Louis XIV. Chronographie d'un règne*，2 Bde.，Gollion/Paris 2009.

R. Mousnier，*Les institutions de la France sous la monarchie absolute*，Paris 1974.

凡尔赛宫研究中心（CRCV）在其网站上罗列了诸多信息来源及学术论文供访问者使用：http://

chateauversailles-recherche.fr/francais/ressources-documentaires。

凡尔赛宫镜厅及相邻厅室的图像资料可通过此链接查看：http://www.galeriedesglaces-versailles.fr/html/11/accueil/index.html。

图片来源

图1、图2、图3、图4、图5：Louis XIV. L'Homme et le roi. Sous la direction de Nicolas Milovanovic et Alexandre Maral，Paris 2009，S. 201 (cat. 69)，S. 221 (cat. 92)，S. 179 (cat. 45)，S. 154 (cat. 14) und S. 226 (cat. 97)

图6、图7、图8：akg-images

图 9：Médailles sur les principaux événements du règne de Louis Le Grand，avec des explications historiques. Par l'académie royale des médailles et des inscriptions，Paris 1702，Privatbesitz Gérard Sabatier

图 10：akg-images/ Nimatallah

图 11、图 12：Hendrik Ziegler，Der Sonnenkönig und seine Feinde. Die Bildpropaganda Ludwigs XIV. in der Kritik，Petersberg 2010，S. 113 und 151

致 谢

我非常感谢以下人士，感谢他们给我的支持、启发、批评以及修改建议和提示：我的家人、Birgitte Bøggild Johannson、Kilian Harrer、Bernd Lehmann、Charles-Edouard Levillain、Marie-Thérèse Mourey、Friedrich Polleross、Gérard Sabatier、Sébastien Schick 和 Britta von Voithenberg，以及凡尔赛宫研究中心的工作人员。

人物索引

（此部分页码为德文版页码，即本书页边码。）

作者简介

马克·亨格勒尔（Mark Hengerer）是欧洲早期近代史教授，供职于德国慕尼黑大学。关于近代早期的社会及文化史，他已出版过多部著作，其中包括《皇庭与贵族》（*Kaiserhof und Adel*）、《斐迪南三世皇帝》（*Kaiser Ferdinand III.*）以及他参与选编的《欧洲王侯丧仪》（*Les funérailles princières en Europe*）等。

译者简介

邱瑞晶，毕业于上海同济大学德语专业，现任职于德国埃尔朗根—纽伦堡大学国际人文学院，参与过多个图书及影视翻译项目。

图书在版编目（CIP）数据

路易十四：太阳王的生活 / (德) 马克 · 亨格勒尔著；邱瑞晶译. -- 北京：社会科学文献出版社，2021.6

（生而为王：全13册）

ISBN 978-7-5201-8346-8

Ⅰ. ①路… Ⅱ. ①马… ②邱… Ⅲ. ①路易十四(1638-1715)-传记 Ⅳ. ①K835.657=41

中国版本图书馆CIP数据核字（2021）第092697号

生而为王：全13册

路易十四：太阳王的生活

著　　者 / ［德］马克 · 亨格勒尔

译　　者 / 邱瑞晶

出 版 人 / 王利民

组稿编辑 / 段其刚

责任编辑 / 周方茹

文稿编辑 / 陈嘉瑜

出　　版 / 社会科学文献出版社 · 联合出版中心（010）59367151

地址：北京市北三环中路甲29号院华龙大厦　邮编：100029

网址：www.ssap.com.cn

发　　行 / 市场营销中心（010）59367081　59367083

印　　装 / 北京盛通印刷股份有限公司

规　　格 / 开　本：889mm×1194mm 1/32

本册印张：6.875　本册字数：96千字

版　　次 / 2021年6月第1版　2021年6月第1次印刷

书　　号 / ISBN 978-7-5201-8346-8

著作权合同登记号 / 图字01-2019-3620号

定　　价 / 498.00元（全13册）